從前從前，
有家
金淼寫真舘
吳金淼、吳金榮兄弟
鏡頭下的楊梅故事

◆ 攝影｜吳金淼、吳金榮
◆ 撰文｜彭啓原

文化地圖中的小紅標

序一

周樑楷

國立台灣師範大學歷史系兼任教授

郵件寄來本書的初稿。雖然早就知道好友啓原有意採用老照片當作資料，編寫故鄉的歷史，只是沒有料到，靜悄悄的，在不聲不響之中，終於大功告成，如願以償。

隨後不久，啓原來電邀我寫篇序文。這是榮幸，樂得立刻答應。接著，以兩三天的時間，快速閱讀一遍，再整理一下思緒，並且回電給他，請教幾個問題：

1.台灣有沒有類似吳金淼的人，自從日治時代以來長期在家鄉經營照相舘，又身兼專業攝影師？尤其類似他幾乎完整地保存終生經手過的照片和底片？

2.台灣有哪些書籍，內容以鄉鎮為單位，使用老照片為材料，而且文圖並茂的？其中哪幾本比較優質？

3.客家委員會成立「客家文化發展中心」，發行《客庄生活影像故事》。計畫以數位典藏多位客籍攝影師的作品，而且出版六本攝影套書。如果針對本書編著的方式，比較這些套書，基本上有什麼差別？

以上之所以有這些提問，多少和「職業病」有關。長期以來由於我個人比較關注史學思想的發展，加上從近二、三十年來多種現代知識的研究成果，越來越能肯定：所有的智人（Homo Sapiens）打從遠古時代起，因演化的關係，人人都有歷史意識或歷史思維。至於近代學院派裡的史家，之所以比較突出，只是經過專業的訓練，同時以此為職業謀生。每當

讀書、聆聽演說、觀賞戲劇或者與人交談，我往往很自然地在腦海裡浮現一幅「歷史意識的文化地圖」，並且以此為憑，判定他（她）的史觀在哪裡？換句話說，那顆象徵「你在哪裡？」的小紅標應該定位在哪裡？這幅文化地圖裡有時間軸和空間軸，更有不同模組的「史譜」。藉由這幅地圖，大致可以判別某個專業史家或大眾史家的「歷史意識或歷史思維的取向」，同時瞭解他（她）的思維與周遭人事物的「相對性與相關性」。

三重式歷史書寫的體例

　　《從前從前，有家金淼寫真舘：吳金淼、吳金榮兄弟鏡頭下的楊梅故事》的確有特色，而且很有趣的，這些特色是因為先後以兩種不同的閱讀進程，才能夠得知的。

　　首先，如同一般人，以平常心、按部就班，從第一頁看到最後一頁。這種閱讀進程最能符合作者編寫書籍的本意，通常也是作者有心給讀者的訊息。例如，啓原在〈自序〉中寫道：
這是一本以楊梅影像為主的歷史書，

或許影像的作者拍攝時，並無企圖去記錄歷史。我在後續處理上採取文字與影像並重的方式，將影像內容的相關歷史進行較深度的敘述。

　　啓原在大學裡並非主修歷史，然而他的中學同窗以及日後結交的朋友之中，卻有不少專業歷史學者。或許無意，或許有心，在耳濡目染的關係下，他懂得中規中矩，遵守史學界最慣用的「線性時間觀和史觀」。所以在〈自序〉中強調：
我依著歷史的縱軸，將照片粗略分類，企圖以拼圖的方式，建立楊梅1930至1970年之間的樣貌。

　　為什麼聚焦在這段特定的時期呢？或許不難得知，因為這本書的主角是吳金淼（1915-1984），而且書中採用的照片多半也是他拍攝的。按照啓原的推算，吳金淼大約在十五歲時（1930）開始學習攝影，就有個人的作品產出。到了七〇年代後期，他已經年邁六旬，在那個年代論年紀輩分或身體狀況，大概可以說是老人家了。換句話說，本書的「歷史事實」一路跟著史料的時間走。

這是一本有關楊梅的地方史，既然以吳金淼的影像作品為主要史料，史料表徵到什麼年代？書中的主體就敘述到什麼時期。

由此可見，啟原具有歷史意識的基本素養。這本書內的「線性」敘事和一般攝影專輯常用的懷舊性、回憶性及非線性的取向顯然有所差別。這是本書的特色之一。

除此，書寫的結構和體例，也很值得讀者留意，這是特色之二。

本書將吳氏兄弟的作品依主題分為十三章，在每一章的小單元中，就結構來說，幾乎都分成三個層次。第一個層次是吳金淼兄弟的影像作品；第二個層次是弟弟吳金榮（1924-1997）針對部分照片內容及其時代情境的口述說明（書中一律採標楷體），凸顯他個人的表述；第三個層次屬於啟原的詮釋和論述，採用明體字。內容有啟原對故鄉的記憶、踏查和論證，同時也援引不少圖書資料和口頭採訪。

當閱讀初稿時，看到這三層次分明的結構方式，我按耐不住，立刻撥電話告訴他，這種編寫的體例既古老而且又新穎。所謂古老，是指古代的經書，儒家的也好、佛教的也好，它們的「體例」往往含有三個層次，那就是經、注和疏。我指出，吳金淼兄弟的老照片是本書最重要的文本，可以類比「經文」；吳金榮的口述解說，如同經文的「注」；至於啟原本人的論述形同經與注之後的「疏」，是對前兩個層次的考訂和細說。

也許這番話來得突然而且又嚴肅，啟原應接不暇，一時之間沒有任何答覆。為了讓我的看法更完整和清晰，所以又進一步說明。

所謂的新穎，是指本書中的「經」為20世紀的照片，這可是一百年前世界上從未曾有過的文本；本書的「注」屬於現代性的口述歷史，邊採訪邊錄音才得以保存的，絕對不同於古代的「如是我聞」；至於「疏」的部分，是依照現代史學方法的規範而產出的。

聽我如此一說，在電話遠端的啟原似乎有點開心，然而未置可否，一直謙虛以對。反之，我所以如此肯定，不是刻意吹捧好友，更非視而不見書中也有欠缺嚴謹的地方，而是推想，啟原最初寫作時，並未自覺性地、有意地開創嶄新的書寫取向。不

過，他的確有心編寫一本與眾不同的作品。如今，他達標了，具體的成果已經呈現在眼前。

這本書以影像文本配合口述歷史，隨著線性時間觀，帶動地方史的表述。在「歷史意識的文化地圖」中，那顆小紅標一來可以顯示影視史學和大眾史學在21世紀連結的例證。二來表明這本書在有意無意之間，開發出一種既古老又新穎的書寫取向。本序文嘗試代為命名，稱作「三重式歷史書寫的體例」。 接著，再順著頁數閱讀這本書，到了〈後記〉，內容的史實時序進入九〇年代。吳金淼已經往生；書本的體例也驟然改觀。然而，在一場在地文化的自覺運動中，他的老照片卻轉化成楊梅的文化遺產。吳金淼似乎精神永生，陪伴著親弟親妹以及地方人士，創造（making）另一段新的歷史。空間舞台則屬於他（她）們共同心靈所繫的「所在」（place）。

擁抱故鄉的「黏與離」

其次，閱讀本書也可以採用第二種進程。先從最後的〈後記〉開始，然後折回，由第一頁讀起。

這種進程，針對楊梅和吳金淼的「歷史事實」來說，時序的確被扭曲，形成倒敘的，不再符合原型的線性史觀。然而，如果以啓原的「生命歷程」而言，反而更能先後連貫、展現另種更地道的線性敘事。換句話說，這種閱讀進程不再以楊梅和吳金淼為優先，而是關注本書作者內心深處的生命意識。

在前往台北就讀大學以前，楊梅的一草一木，都屬於啓原的原鄉。大學畢業後，為了方便學以致用，他留在大都會裡，拍攝商用紀錄片。七〇年代中期以後，台灣社會變遷加快腳步，由農業邁向工業化和現代化。於是人們懷舊憶鄉之情，由量變躍升為質變，各處由下而上浮現本土文化或族群意識的自覺運動。在解嚴後不久，啓原從1989年起，參與公共電視台的節目製作。前後五年期間南北奔波。然而，反諷地，他居然未曾把鏡頭對準自己的故鄉。直到1994年，才被朋友召喚，回歸楊梅，參加護廟護樹的運動。

隨著鏡頭視角的轉向，生命的旋律往往因此彈奏不同的調性。啓原在

〈後記〉中有一段表白：

先前在各個客家聚落進行田野調查，我們攝影組是站在「他者」，也就是「旁觀者」的角度來拍攝。這次的抗爭，我們變成事件的參與者，自己也成為被拍攝的對象之一，全新的經驗。

活動經過十天，護廟護樹事件已經沸沸揚揚，成為眾人矚目的焦點。尤其6月26日那天，楊梅終於出現有史以來第一次上街頭的抗爭遊行。啓原以堅定的口氣說：

是的，這群人正在創造楊梅的抗爭歷史。

到了7月3日，廟方終於回應，表達不會拆廟的善意。那一片刻，啓原深深有感：

離鄉近三十年，再回來擁抱這塊土地，滋味竟然是如此的甘美！

除外，值得注意的是，在活動進行中，不僅吳金榮身列隊伍裡，而且吳金淼所拍攝的楊梅老照片也赫然「出土」，引起眾人圍觀，掀起地方人士社區意識的高潮。

「甘美」的滋味加上吳金淼的精神永在，伴隨大家走向「楊梅文化促進會」的時代。可是，事隔六年以後，廟方竟然利用清晨4點左右，夜幕仍然低垂之際，用怪手以最快的速度把宮廟拆掉，造成既然的事實。經過這一突然的重擊，啓原內心有了創傷（trauma），無限感嘆，吶喊著：

真正再關心起這塊曾經滋養我成長的土地，……是要有多大的犧牲啊！……

我像是被移植的樹，雖然根部還帶有些許故鄉的泥土，但是滋養我的已非故鄉的泥土，要回到故鄉真的「好遙遠」。

創傷需要長期療養，以及不斷地反思，機緣來到了才有昇華的可能。2013年，啓原受邀再度回到故鄉，為「楊梅故事館籌備處」收集資料，同時也拍攝《回首楊梅壢》的紀錄片。過程中，他重拾昔日吳金榮的口述歷史，進而深入吳金淼的影像天地，擁抱故鄉的意象。

擁抱故鄉真的「好遙遠」嗎？除了客觀條件，心境上「黏和離」的槓桿作用也是關鍵之所在。

從前唐朝賀知章一輩子福祿雙全，告老返鄉時留下「少小離家老大回，鄉音無改鬢毛催。兒童相見不相識，笑問客從何處來」的詩句。後人忖度，八十多歲的他，應當豁達超脫，不再為世俗所沾黏，更不會在意天真幼童之一問。但是，當下突然的插曲，難免也有一絲絲的苦笑，要不然這首詩就無法流傳千古了。

相對地，有個例子更適合與啟原對照。2005年諾貝爾文學獎帕慕克（Orhan Pamuk, 1952-），論年紀只比啟原大一歲而已。帕慕克生於土耳其伊斯坦堡，除了有三年時間待在紐約，其餘的日子大多留在故鄉。這一點與啟原的經歷有些不同。然而，他們兩人的差異，關鍵是：昔日鼎盛一時的鄂圖曼土耳其帝國在第一次世界大戰之後，老早已隨風飄逝。雖然伊斯坦堡還是一國之都，也是國際觀光勝地，但是昔日的榮耀與繁華已經不在，觀光客目睹的絢麗色彩，只是官方整修裝飾的表象而已。反之，七〇年代以來的楊梅，和台灣各城鄉一樣，經濟起飛。只是在「進步成長」中，有些人過度媚俗，罹患歷史失憶症，所以拆廟砍樹，擴大重蓋，頂多算是喜新厭舊心態下的一個實例而已。

對帕慕克以及在地人來說，伊斯坦堡這座大都會處處都是傾頹的廢墟，不可能東山再起，形同失去色彩的黑白影像。他在《伊斯坦堡：一座城市的記憶》裡，特地引用土耳其語裡表徵憂傷的「呼愁」（hüzün）一詞，傾訴鄉親集體心靈深處的失落感。然而，「呼愁」的內涵遠比「憂傷再加失落感」更為深幽，難以形容。帕慕克補充說：

伊斯坦堡所承載的「呼愁」不是「有治癒之法的疾病」，也不是「我們得從中解脫的自來之苦」，而是自願承載的「呼愁」。

他又自剖：

伊斯坦堡的「呼愁」不是主張個人反抗社會；反倒是表明無意反抗社會價值與習俗，鼓勵我們樂天知命，尊重和諧、一致、謙卑等美德。「呼愁」在貧困之時教人忍耐，也鼓勵我們逆向閱讀城市的生活與歷史。

很明顯地，啟原和帕慕克擁抱故鄉時，在「黏與離」之間拿捏的分寸

彼此各自不同，所以箇中的滋味自然也有差別。如果追問，孰是孰非？顯然這是難以斷定的問題。比較異同，有時只要付諸「同情的瞭解」，凸顯各自的特色就夠了。

啓原和故鄉之間的「黏與離」，自從1994年之後經歷三部曲。先是返鄉，以「參與式」的方式，積極地投入社會和文化運動。起初，若有所成，滿懷「甘美」。第二階段在黑夜之中，猛然遭受突擊，頓時之間完全改觀，深深感嘆故鄉「好遙遠」。然而，經過「反思式」的自我檢討以及時間的洗滌，心中的創傷終於得以昇華。接著，第三階段，他以「觀點式」的心境，重新「認識自己」和觀看故鄉，所以有了本書的出版問世。

這裡所謂的「觀點式」，迥然已經和1994年以前不同了。從前凡事以「他者」、「旁觀者」的立場觀看周遭的人事物。現在經歷一番辯證體會，反而能夠「主客交融」，以「既相對且又相關」的心境理解故鄉。所以，當折回第一頁，採用第二種閱讀進程時，更能看清楚啓原處處都以「夾敘夾論，再加分析」的方式解說楊梅的老照片。這個階段的啓原，已

經不在乎把「我」放在書籍裡面。

讓我們的視野回到「歷史意識的文化地圖」。在1960年以前，原來學術界的主流認為，學術真相屬於「學院的」，具有現代性研究的成果才是「正典的」。同時他們努力的結晶是為了「教化的」。然而，在六〇至七〇年代之間，有股趨勢開始興起，而且與主流意見呈現彼消此長的現象。而後，人們逐漸肯定歷史書寫或表述應該「觀點式」、「參與式」以及「反思式」的。

前後兩遍閱讀《從前從前，有家金淼寫真舘：吳金淼、吳金榮兄弟鏡頭下的楊梅故事》，頗能綜合體會啓原的歷史意識、社會意識和生命意識。尤其在第二遍時得知這本書的第三個特色，更加明確那顆小紅標可以定位在這股新趨勢之中。

義民節祭典期間，楊梅以鄰里為單位，輪流到義民爺安座的錫福宮進行「奉飯儀式」，圖為載著紅粄塔的奉飯隊伍，行經金淼照相舘前的大華老街。（1969年，吳金榮攝）

另一種記錄楊梅的形式

序二

李達嘉

中央研究院近代史研究所研究員

歷史文化的保存與傳承,大約經過幾個階段的演進:最早是沒有文字以前,人們的事蹟靠口耳相傳。第二個階段是文字發明以後,人們的事蹟以文字記載下來,得以更為具體詳實地流傳。這個時期雖然有圖像,但是都用手繪,有些出於想像,不一定與原貌相符。第三個階段是照相機發明以後,人像景物都可以原貌保存下來;隨後攝影機和留聲機發明,更使得動態的影像和聲音可以得到完整的記錄。現代的歷史書寫,在文字敘述之外已經更重視影像的呈現。

這本和一般的歷史書不同,它是以影像為主體,對一張張影像進行解說展開歷史敘事的書。這些影像是楊梅老街上吳金淼、吳金榮兄弟經營的

金淼寫真舘拍攝並留存下來的。據啟原說,金淼寫真舘很謹慎地留存了他們拍攝的底片和接近兩萬張客戶的照片,拍攝的時間從1930年代(日治時期)到1970年代。這真是楊梅地方文獻的重要發現,也是台灣攝影史上的重要資產。

在早期民生經濟較為貧窮的時代,上照相舘照相或請攝影師出來拍照是非常難得的事,因此多數人即使有照片留存也相當有限。吳金淼兄弟或許只是出於個人對照相的喜好,將許多他們拍攝的照片留存下來,卻意外成為珍貴的文化資產。至今為止,有關楊梅歷史文物的發掘相當有限,多年前施添福教授發現清官府為了平息番漢之爭而設置的土牛(或稱土牛

溝）遺址，訴說著楊梅開發的歷史。而金淼寫真館留存的這批照片，則以另外一種形式記錄楊梅的歷史演變，具有非凡的價值。

本書選錄金淼寫真館留存的二百多張舊照片，其中一百零八張照片雖然在1995年曾經由楊梅文化促進會結集出版《回首楊梅壢——吳金淼・吳金榮攝影集》，但是該書只有照片而沒有文字敘述，是不折不扣的攝影集。本書作者彭啓原在這一百多張照片外又加選了百張，對這些照片重新編排，加上精彩的文字敘述和詮釋，如同對這些照片注入活血，使它們在歷史中重生。我認為這本書具有幾個特色：

第一：吳金榮的解說活化了這些照片的歷史意義。

啓原很早就意識到這些照片的歷史價值，在1995年《回首楊梅壢——吳金淼・吳金榮攝影集》出版後便和友人陳板一起對吳金榮進行口述訪問。那時吳金淼早已過世，吳金榮是解讀這些照片的不二人選。非常難得的是吳金榮對於這些照片的人、事、

地、景記憶猶新，因此能夠進行詳細的解說。由於吳金榮已處於胃癌末期，啓原和陳板趕在他病情惡化前完成了採訪錄音和錄影。我認為這項口述訪問是文物拯救工作裡極為重要的一環，從事後看來，如果晚幾個月的時間便無法進行了。因為有了吳金榮的解說，這些照片背後蘊含的故事得以清楚地重現，我們因此可以更為無礙地隨著它們進入歷史長廊。這是一般歷史照片圖書不太可能擁有的條件。

第二：這些照片經過分門別類重新整理之後，更能反映早期楊梅豐富多元的歷史文化。

楊梅位於台北、新竹之間，有鐵路經過，並設置火車站，這樣的交通地理條件，為它帶來熱絡的商業活動。它是早期北台灣以客家人為主要住民較為繁榮的城鎮，經濟、政治、軍事、文化活動在此交織展開。這些條件支撐金淼寫真館的經營，也讓金淼寫真館能夠捕捉多元的影像。當然，吳金淼本身具備精湛的攝影技術、沖洗出品質優良的照片，是他能

夠受到各方青睞的基本要素。

　　這些照片雖然以人像為主，而且多數是合照，卻從另一個視角記錄了時代的變動。日治時期在楊梅設置的國語講習所、中日戰爭和太平洋戰爭中出征軍夫和親友們的大合照、為出征軍夫家族舉行的慰安舞蹈會、民眾奉公種田等景象，反映了皇民化和戰爭的全面動員，也訴說那個時代民眾的命運。

　　太平洋戰爭時高山頂上日軍的武部隊、中日戰後國軍在楊梅國民學校操場接收數量龐大的日軍野戰砲、1949年劉玉章軍長率領國軍五十二軍撤退到台灣駐守楊梅以及美軍顧問團進駐楊梅，金淼寫真舘都留下珍貴的影像，透露楊梅在不同時期是軍事部署的重要基地。故宮博物院和中央研究院的文物搬運到台灣時，最初是存放在楊梅火車站旁的日本國際通運株式會社大倉庫裡，通運株式會社的兩張老照片也讓楊梅曾經扮演的保存文化角色得到更具體的闡述。

　　金淼寫真舘留存的照片對庶民生活也有相當豐富的記錄，諸如伯公山的老榕樹是民眾最喜歡遊覽拍照的景點，旁邊的錫福宮是民眾信仰所繫，

兩者構成楊梅人重要的記憶，由此更能讓人了解1994年啓原和幾位朋友結合在地人展開護廟護樹行動的意義。義民節各鄰對義民爺輪流奉飯，各盡巧思，互相競爭，反應了舊時客家習俗。結婚迎娶從乘坐三輪車到轎車，送嫁的媒婆家人踩在泥濘的泥地或鄉下狹窄崎嶇土石路上，是極為生動的舊時代寫照。還山送葬由宗親抬棺，送葬隊伍繞行街道的景象，在今日已不復見。農夫農婦在茶園挑擔施肥和採茶，以及民眾在田裡插秧的照片，也是極有價值的田園生活紀錄。其他如學校教育、戲院與戲劇表演、運動休閒娛樂、賽會花燈、家族與家庭等，都留下不少珍貴的影像。

　　在這些照片中還可以閱讀到主題以外的訊息。例如送葬還山的影像除了記錄客家人的喪葬習俗，街道上的洋樓建築也值得注意。在大量的人像照片中，服飾裝扮必然會吸引讀者的目光，在這方面吳金榮對婦女服飾的精彩解說，現在恐怕少有人能出其右。總之，這些照片涵蓋的面相非常豐富多元，確實是研究台灣歷史，特別是楊梅歷史的寶藏。

第三：作者在整理吳金榮口述內容之餘，廣泛蒐集相關文獻，訪談地方耆老，對歷史背景加以補充，使得這些照片的歷史意象有了更為鮮明且富有感情的呈現。

啓原是楊梅客家人，投入客家文化影像記錄工作已逾三十年，對台灣地方歷史文化有相當深入的了解。1994年他和幾位朋友回楊梅展開護廟護樹行動，除了實際參與抗爭，也對抗爭行動做了影像紀錄，這是他回歸故鄉的起點。而金淼寫真舘照片寶藏的發掘，讓他和故鄉有更深的連結。《回首楊梅壢》攝影集出版後，他內心對這些照片蘊涵的歷史意義沒有被充分揭示始終感到遺憾。

現在本書以更豐富的面貌出版，文字部分除了吳金榮的解說之外，還參考一些學術著作，引用吳濁流、鍾肇政等人小說的相關敘述，並請楊梅老鎮長傅標榮先生對這些照片的背景補充說明。

〈楔子〉對吳金淼兄弟做了詳細的介紹，接下來帶著我們讀覽吳氏兄弟拍攝的照片所折射的時代光影，末章〈後記〉敘述護廟護樹行動始末，

這樣把歷史長廊建構了起來，是相當不錯的安排。書中還有個人生活經驗和見聞穿插其中，娓娓道來，讓我們閱讀時感到一種親切的興味，產生歷史的想像和感動。在楊梅相關資料有限的情況下，本書能有這麼豐富而精彩的敘述是相當難能可貴的。它不是嚴肅的歷史學術著作，但是我相信值得歷史工作者重視。

啓原是我新竹高中的同學，情誼超過五十年的摯友。我對他從年輕的時候便毅然決然捨棄商業攝影路線，投入歷史文化的影像紀錄工作，始終感到無比地欽佩，畢竟要靠文化工作營生不易，需要極大的勇氣和熱情才能堅持下去。多年來他深入田野，全心投入，無怨無悔，留下無數珍貴的影像，累積的作品無疑地成了客家文化的重要資產。現在他利用金淼寫真舘珍藏的照片，加上豐富精彩的文字解說，做出了新的貢獻。本書不僅是吳金淼、吳金榮攝影作品的呈現，同時訴說著時代的故事、地方的故事，是一部值得用心閱讀珍藏的歷史書。我有幸先睹為快，對於它的出版心中有著無限的欣喜和悸動，也誠摯地推薦給關懷本土歷史文化的朋友們。

回山望有情　歸鄉看人世

序三

吳榮訓

（吳金榮的義子，現為金淼寫真舘文物管理人）

這個世界並不是全部由文史工作者組成的，

有政客，有陰謀家，有科學家，有士農工商，

還有最新的COVID-19……

當年一老四少＊因緣和合，幾番俯仰口述鏡留YouTube。

1994年某一天，四個後生頭闖入金淼照相舘，

進進出出沒時閒，成立行動策劃指揮中心，

於錫福宮樟榕伯公山上，護廟保山救老樹，

十八天的密集作業，就在當時的伯公山戶外寫場，

彷彿回到當年領導紅梅里民，在吳金淼的編導設計創新下，

製作「迎花燈」的亢奮回憶中……

由總領隊吳金榮提供場地，

帶領彭導、板師等四人製作宣傳紅布條，

輪流守護廟與樹，宣揚理念，每日中午便當加晚餐……

獲得抗爭的勝利，成功的暫時保住老廟與老樹。

誰知2000年夜黑風高下，迅雷不及掩耳，廟被拆了，樹與山保住了。

如此因緣，板師專訪，吳金榮口述《回首楊梅壢》攝影集，

在彭導的掌鏡下，終於傳留下楊梅壢的些許故事。

這個世界如果缺少了文史工作者，

斜槓的人生故事，挖不出來也傳不下去。

彭導是我的初中學長、高中學弟、大學同學，

曾是楊梅的一個過客。

回山望有情，歸鄉看人世，

特為之序。

＊一老指吳金榮，四少指彭啟原、陳板、梁國龍、曾年有。

完成我個人的楊梅拼圖

　　1989年台灣解嚴後兩年，我開始進行公共電視節目的製作，過程中跑了不少客庄，期間經常被楊梅親友問到：「怎麼沒看到你回楊梅拍攝？那是你的故鄉啊！」其實不是我不想，只是有點近鄉情怯，情緒上還沒準備好。

　　1994年，我覺得應該是回故鄉拍攝的時候了，於是規劃田野資料收集。6月7日晨，突然接到友人的電話告知：楊梅壢的信仰中心「錫福宮」馬上要被拆除重建。為了記錄這間老廟的最後身影，我和陳板（時任公視《客家風土志》節目總策劃）當天就來到廟裡，想弄清楚到底是怎麼一回事，沒想到隨即被捲入參與策動了一場護樹與護廟的抗爭。

　　在伯公山護樹過程中，我認識了吳金榮，在此之前我只知道大華街上有一間金淼照相舘，但從來沒進去過。

　　在故鄉楊梅護樹護廟暫時獲得成功之後，護樹團體組成「楊梅文化促進會」，期待在社區營造的過程中，可以將社區的文化意識傳遞給年輕的一輩，來注重自己社區文化的特殊性。於是隔年（1995），促進會動員在地青年，舉辦了「楊梅百年文藝季」活動，過程中除了舉辦各種相關活動，也在匆忙中挑選了吳氏兄弟共一百一十三張作品，集結成《回首楊梅壢──吳金淼‧吳金榮攝影集》。

　　這本攝影集出版後，吳金淼在一夕之間立即受到台灣攝影界的重視，

在許多歷史影像展中吳氏兄弟的作品幾乎都沒有缺席。但是當時（1995）受限於時間，攝影集選取作品的過程有些匆忙，照片內容無法充分進行考證，因此圖說欄是空白的，讓喜好者無法了解畫面的意義而略感失望。

有鑑於此，因了解到這些照片記錄著日本時代到國民政府兩個不同政權下的楊梅樣貌，極具歷史意義，我們覺得有責任要弄清楚每張照片的故事；同時也側面得知：吳金榮（1924-1997）患了胃癌。於是立即決定請他解說《回首楊梅壢——吳金淼·吳金榮攝影集》內百餘張照片的拍攝背景，並且進行影音紀錄。

自從1997年參加了吳金榮的告別式之後，我再也沒到金淼照相舘，之後照相舘由他的義子吳榮訓繼承，照相舘店面出租給他人販賣電器用品，攝影器材與作品則收藏在二樓。

2013年，我受邀回到楊梅，為「楊梅故事館籌備處」進行資料收集以及紀錄片《回首楊梅壢》的拍攝，過程中吳榮訓前來關心，他是我梅中與竹中的校友，本來就熟識，加上護樹護廟與《回首楊梅壢——吳金淼·吳金榮攝影集》的出版，我們有更進

一步的認識與來往；也讓我在吳金榮過世十七年之後，有機會再度進入照相舘二樓。我除了將1995年吳金榮訪問的影音納入計畫，進行訪問逐字稿撰寫，也為更深入了解照片中相關的人、地、物，同時進行日本時代出生、受教育的幾位楊梅耆老，如：傅標榮、鄭錦生、鄭煥生、謝菊妹、鄭足妹的訪問。

2015年我將畢生為公視客家節目所拍攝的母帶，捐贈給客家委員會「客家文化發展中心」永久典藏。但是在器材與錄影帶實體捐贈之後，這些相關的資料如何讓他人運用，又成為我心中的罣礙。於是我找出吳金榮在癌末替我們解說的畫面，進行再閱讀與思考。同時我也在2019年拿到吳榮訓所提供吳氏兄弟作品的數位檔，一張張楊梅的人、事、景，一一印入腦海。大部分的人物我不認得，但是他們的服飾、髮型，甚至拍攝的背景所呈現的「歷史感」，以及特殊的「地方性」，又讓我回到兒時的記憶中，因此為這些照片進行文字解說的想法越發強烈。

經過無數次的閱讀，我依著歷史的縱軸，將照片粗略分類，企圖以拼

圖的方式，建立楊梅1930至1970年之間的樣貌。以照片為文本，內容以1995年吳金榮的口述解說，加上2013年楊梅老鎮長傳標榮等幾位耆老訪問、個人的記憶，以及在各種資料中所找到的相關敘述，以彌補當年《回首楊梅壢——吳金淼・吳金榮攝影集》內沒有圖說的遺憾。

這是一本以楊梅影像為主的歷史書，或許作者拍攝時並無企圖想要記錄歷史，但本書採取文字與影像並重的方式，將影像內容的相關歷史進行深度的敘述。為求文本閱讀流暢通順，吳金榮口述文字在不影響原意之下，略作潤飾與修改。

畢竟過去的我來不及參與，出生懂事之後所聽、所看的事情，記憶中也只剩下模糊的殘片。挑選出有趣的照片，一張張解析，或許無法拼出全貌，但是至少能呈現一個概樣——為長久被忽略的楊梅歷史，完成我個人的想像拼圖。

吳金榮解說《回首楊梅壢——吳金淼・吳金榮攝影集》，右為陳板。（1995年，彭啓原攝）

楊梅光影[*]

　　楊梅位於桃園市，舊稱「楊梅壢」，以客家人為主要族群，「壢」客家語是「台地間的河谷低地」之意；在地理位置上，自1875年清朝設新竹縣至1950年桃園縣成立，楊梅壢剛好位於兩大商業地區的中間，處於邊陲的交界處。在吳金淼所有拍攝的照片中，只要取景範圍擴大，遠方不是大平山、長崗嶺山就是月眉山，甚至許多照片的拍攝地點就選擇在山上。

　　楊梅大規模開發始自清乾隆年間成立「諸協和墾號」開始；日治時期轄屬新竹州中壢郡，1941年將楊梅庄改為楊梅街，光復後改稱楊梅鎮，2010年升格為楊梅市，2014年因應桃園縣升格為直轄市，改制為「楊梅區」。

　　　　　　　　　　　　　　　　　　　　　　　　　　　　＊辛丑年 陳板題字

從龜山頂拍攝的楊梅全景，可見十幾支高聳的煙囪正冒著黑煙。（約1960年，吳金榮攝）

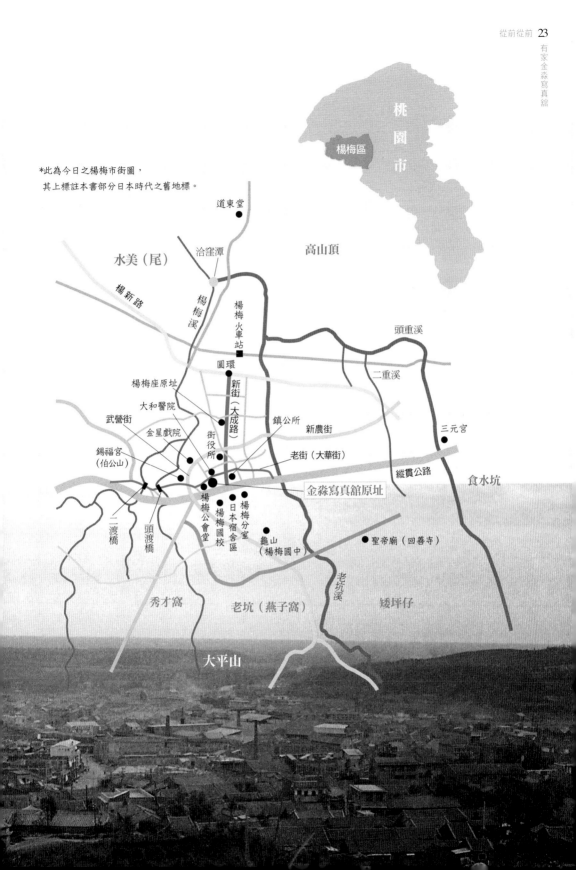

桃園市

楊梅區

*此為今日之楊梅市街圖，
　其上標註本書部分日本時代之舊地標。

道東堂

水美（尾）　　　洽窪潭　　　高山頂

楊新路

楊梅溪

楊梅火車站

頭重溪

圓環

二重溪

楊梅座原址　　新街（大成路）

大和醫院　　　　　　鎮公所　　新農街

武營街　　　　　　　　　　　三元宮

金星戲院　　街役所　　　老街（大華街）

錫福宮
（伯公山）

縱貫公路　　　食水坑

金淼寫真舘原址

二渡橋　　　楊梅公會堂

頭渡橋　　楊梅分室
　　　　　楊梅國校

日本宿舍區

龜山
（楊梅國中）

聖帝廟（回善寺）

秀才窩　　　老坑（燕子窩）　　矮坪仔

老坑溪

大平山

楔子

吳金淼兄弟的故事

　　1935年金淼寫真舘正式掛牌，吳金淼成為楊梅街庄唯一的專業攝影師，由於攝影技術精湛，逐漸各方拍攝邀請紛沓而至，從出生、就學、入伍、結婚、做壽、喪儀，甚至一時興起，不論任何的拍攝題材，「金淼寫真舘」一定擔負起任務。拍攝之後相舘也很謹慎地保留底片，其中有早期的玻璃底片、6×9吋的大型塑膠底片，以及1960年代流行的35釐米捲型底片；除了保留底片，金淼寫真舘還留存客戶近兩萬張的相片。由於拍攝的題材以及地點多樣化，於是一部自日本昭和時代以降的楊梅影像歷史，在時間的洪流裡被留存了下來。

故事的起點——金淼寫真舘

1915年吳金淼出生於楊梅庄一戶常民百姓人家，父母親於市場邊開設雜貨店維生。從小吳金淼就嶄露出繪畫的藝術天分，十一歲參加「慶祝日本天皇登基繪畫比賽」一幅松鶴圖被評選為第一名，但頒獎時主辦單位發現得獎者是個小孩，竟將獎品改為第二名。

1929年吳金淼自楊梅公學校畢業後，於好友陳振芳處接觸到攝影，1932年取得寫真舘的「企業許可令」；1935年個人拿到「寫真營業許可」，「金淼寫真舘」便正式於楊梅大華街69號掛牌開張了，那一年吳金淼二十歲。

弟弟吳金榮小吳金淼九歲（1924出生），1939年也取得寫真營業許可之後，便與吳金淼共同經營寫真舘，擔任其得力助手，許多吳金淼與友人的合影，都是由他按下快門；妹妹吳明珠聰慧而美麗，深得大哥吳金淼的喜愛，主要負責修底片與上色的工作。由於兄弟倆攝影技術精湛、妹妹細心手巧，於是三兄妹合作經營的寫真舘更上軌道，拍攝邀約不斷、生意興隆，1951年吳金淼得以買下大華街65號店面繼續經營，且因應時代政權的改變，更名為「金淼照相舘」。

金淼寫真舘於1951年更名為「金淼照相舘」。（1970年代，吳金榮攝影）

至於吳金淼何時開始學拍照？並沒有正確的答案。根據吳金榮的說法：「記得我哥十三歲就開始攝影了。」但因當時吳金榮僅有四歲，記憶模糊，所以無法詳述交代吳金淼學習攝影的過程。不過，用這個時間來推算，吳金淼最遲在1930年十五歲以前就開始學習攝影，在吳金榮九歲的記憶中，哥哥那時除了幫人照相外也兼畫像，可惜的是，照相與畫像之間有無關聯？如何搭配運用？吳金榮無法詳述。我也問過許多專家，但大部分得到的回答是：「日本時代有的畫像師會搭配照相，然後再依據照片來畫，人像就非常真實了。」

關於吳金淼的攝影技術從何處習得？《台灣攝影家 吳金淼》提到：

「有人認為吳金淼的寫真是受友人陳振芳（1917-1999）的啟發。」但以我對攝影技術（含暗房沖片、放印）的了解，吳金淼受到陳振芳的「啟發」絕對不止於「觀念」，而應該是全套的攝影技術，包含：認識相機與操作、沖洗底片、在玻璃片上塗感光乳劑、調製藥水；藥水還分為沖洗底片與照片紙兩種。這其間還關係到藥水造成照片明暗對比（軟調、硬調）的差異，相紙定影之後的水洗、烘乾等技術。如果這些僅止於「啟發」的程度，而沒有師傅現場傳授「武功祕笈」，吳金淼是不可能自學全套的攝影技術並賴以為生。因此我敢斷定——較吳金淼年少兩歲的陳振芳，是吳金淼攝影技術的啟蒙老師。

十九歲的吳金淼（右三）與友人一起在林祺禎墳前合影，當時吳金榮（右六）約十歲。林祺禎任職於總督府，原想約吳金淼一起到日本發展，但因吳金淼身為長子，父母親不答應，遂將重心轉放在攝影上。不久，林祺禎在台北圓山橋下戲水溺斃，運回龜山墓地埋葬。（1934年，此照片由吳金淼請別人按快門）

吳金淼（1915-1984），二十二歲的他帥氣的擺著pose。這張照片雖是由十三歲的吳金榮拍攝，但是以夕陽斜射的角度，呈現身體膚色的層次，人體姿態以穩重的三角形構圖呈現，以相機擺設的高度來簡化背景，絕對是吳金淼設計好的。（1937年，吳金榮攝影）

少年吳金榮（1924-1997），剛從楊梅公學校畢業，恰好可以當哥哥的小助理。照片中雙眼炯炯有神，眼珠內有兩個光點，說明了吳金淼在沒有電燈的時代，就能出神入化的「玩」光線。正面與照片左方都有光源，應該是用兩面鏡子造成的效果。（1937年，吳金淼攝影）

吳明珠（1923-1988）擁有精湛的修底片技術，是吳金淼的得力助手。在吳金淼留下來的照片中，特別為妹妹拍攝各個年齡的照片不下百張。她多才多藝，以能拉小提琴聞名楊梅。（1942年，吳金淼攝）

吳金淼全家福照，左一吳明珠、左二母親鍾緞妹、中間父親吳阿昌、右二吳金淼、右一吳金榮，其後方為寫場的老
相機。（1940年，攝影者不詳）

家族與寫場

　　根據《台灣攝影家　吳金淼》一書：「吳金淼的家族，在曾祖父吳壽生那一代才從廣東梅縣渡海而來，由於來台的時間短暫，扎根尚淺，家族雖擁有漢醫背景，但發展不順，吳阿昌（金淼父親）一度還跟著父親吳慶三從事理髮業，後來才轉而從商，經營雜貨店。」（陳淑華，p.23）

　　吳金淼是來台第四代，以此推估，吳家來台時間應該在清道光年間，當時楊梅壢早就被開墾殆盡，如要耕田，只有冒著生命危險進入內山。其實吳家會選擇住在市場旁邊扎根，就是為了尋找機會，因此原來跟隨父親理髮的吳阿昌「轉而從商，經營雜貨店」，也讓吳金淼的人際與視野較一般農村孩童更加寬廣，有機會選擇與一般人不一樣的人生道路。1933年吳家從市場搬到楊梅大華街69號，此時十八歲的吳金淼已可靠替人拍攝與畫像維持家裡生計，因此他的父母才敢結束市場邊的雜貨店，在租來的房子成立一間攝影專用的「寫場」（攝影棚）。

　　「我九歲就搬到現在住的下兩間，當時還沒有電火，要點天燈（俗稱燈盞火），桌頭燈用水油。搬過來後，店

這部照相機是吳金淼執業時「寫場」使用的，目前還保存在金淼照相館舊址二樓。（2017年，彭啓原攝）

仔（雜貨店）沒開了，我哥就繼續照相。房子的前面當作客廳，放一些見本像（樣品），半中間做一個眠床，再過去也有一個大眠床，在大眠床旁的窗戶邊做一個做事間，再過去就是天井，天井旁為廚房。當時要進入後面的寫場真不方便，經過天井時有一個四五尺的大井墘，要從旁邊過到那後背啊！」

　　上述吳金榮這段話清晰描述早期店街的結構：店面、起居室、天井、廚房到最後背，而吳金淼為拍攝所設置的「寫場」就在最「後背」。

楊梅街上的房子一般最後一間為廁所與豬舍，1970年代以前，桃園養豬風氣非常盛，大部分家庭都會養一兩頭肉豬，也有養母豬的，一方面藉此解決家裡的廚餘，一方面肉豬養到一兩百斤時賣給豬肉販，還可增添一筆收入；母豬若是生豬仔，會有豬販來收。因此房屋的最後一間，屋頂經常沒有蓋滿，特意留下三分之一的空間，讓空氣流通，也讓日光射入，免得豬仔們「不見天日」。

聰明的吳金淼，就利用這個太陽光可以照射進來的空間（豬圈），將它改造成拍攝的「寫場」。吳金榮說：

「單邊的屋子較高，另一邊的屋子較低，低的這邊有厚玻璃，做臨時屋頂。那時照相完全靠日光，晚上暗一點就沒辦法照了。還有一種方法，十分有必要時就要打石光燈，小孩子玩

的小（火）藥仔，放到一個盤子上，閃光粉啊，看距離與人數，來決定放多少顆，點下去它會發光⋯⋯。當時過年前後拍全家福照的，經常是拍不完，要排隊。還有一種，靠近牆壁光線不夠時，要打補助光，就用人工拿著鏡子反射光線，比較不方便。」

如此克難營業了十六年之後，1951年告別「寫真舘」的年代，搬了新家，攝影事業更上一層樓，不僅照相舘的空間變大，更擁有室內可打光的攝影棚。六〇年代下半吳金淼的攝影重心漸漸轉移到藝術創作上，照相舘事務逐步交由弟弟吳金榮與妹妹吳明珠管理——最終讓人遺憾的是，金淼、金榮終身未娶，而明珠也沒出嫁。金淼（1915-1984）、明珠（1923-1988）、金榮（1924-1997）三兄妹宛如鐵三角，共同守護「金淼照相舘」超過半個世紀，終其一生一起為楊梅地區留下了珍貴的庶民生活影像。

楊梅街庄的房屋結構，最後段為豬圈。吳金淼開始執業，便是將豬圈改造成寫場。（1970年，吳金榮攝影）

吳明珠（右）與鄰居女孩穿日本和服合影。
（約1940年，吳金淼攝）

吳金淼暗房工作情形。（拍攝年
代、攝影者不詳）

攝影之外的演出——花燈

吳金淼除了具有繪畫與攝影的藝術天分，他中年時期的花燈作品也令觀賞者驚豔，雖然參與比賽只有短短六年（1967-1972），但吳金淼所帶領的團隊為其中最大贏家。

還記得1967年正月20日那天，遊街車隊裝扮得極為豪華美麗，印象最深刻的是「蘇武牧羊」作品：一部大卡車，車斗四邊都拆除，卡車平台上一位拄著拐杖的白鬚老人仰著天，一團團的棉花黏在樹木上，猶如一片雪

白。風一吹，一頭頭白色的綿羊在雪國中竟微微動了起來，蘇武牧羊的蒼涼心情被完整的表現出來。這是一部非常特殊的花車（當時稱為花燈），美麗的造型至今我仍印象鮮明。然而，當年我並不知道榮獲冠軍的「蘇武牧羊」花燈是由吳金淼所創作。

楊梅花燈的緣起是在清朝時期，當時也稱為「迎古董」。在前楊梅鎮長傅標榮的記憶中：「光復前迎古董是人們拉著木輪車，車上弄些花花

元宵節花燈賽紅梅里的「蘇武牧羊」作品榮獲冠軍，團隊一起合影留念。（1967年，吳金榮攝）

草草裝扮得漂漂亮亮，隊伍中的人們就化妝成各種可愛的造型，逗人一笑。」而楊梅在1960年代的「迎古董」活動，原先也只是各里之間的互相戲謔，後來為了決定誰的效果較好，於是請鎮公所來主辦活動，比賽就不再只是「上八仙」與「下八仙」各里之間的事，而變成楊梅七個里（當時錫福宮信仰圈只有七個里）的大事，這時喜歡藝術的吳金淼，又怎麼會錯過這個表現機會？當然是盡全力的發揮創作。

曾擔任花燈賽籌備者的傅標榮說：「吳金淼對作品的規劃非常認真，例如有一年（1968）的『花木蘭從軍』作品，花木蘭的戰袍便是妹妹吳明珠做的，她找出歷史典故，一針一線縫製而成。『木蘭從軍』放在卡車上繞行楊梅街道，抵達評分地點楊梅火車站前時，戰車車輪一直轉動不停，同時燈打得很亮。當時這種燈光需要很高的電量，吳金淼還特地到新屋永安漁港租借漁船用的發電機，來照亮卡車平台上的作品。」

至於為何楊梅花燈比賽連續舉辦了六年就戛然而止？據說是因六年比賽中，吳金淼共拿了四次冠軍、兩次亞軍，而兩次的亞軍，聽說也是吳金淼的作品最獲好評，只是裁判不公。果真因紅梅里的吳金淼團隊太強了，其他隊伍奪冠不易，後來就不再舉行比賽？傳言是否屬實，就不得而知了。

木蘭從軍花燈作品，榮獲亞軍。（1968年，吳金榮攝）

吳金淼以「田單復國」作品獲得冠軍，右一吳金淼、右二傅標榮、右三時任鎮長彭榮金。（1969年，吳金榮攝）

楊梅相片寶庫

1994年一場楊梅錫福宮「伯公山護廟保山救樹」行動，讓金淼寫真舘珍藏的上萬張底片與老照片重新被看見，成為認識楊梅在地文史的影像寶庫。至於吳氏兄弟以照相營業為生，為何拍完照之後還多洗一份來珍藏？或許我可以自身的經驗來解釋。

在我拍攝公視節目的過程中，從各地所帶回的拍攝母帶，本來在剪輯完成播出之後，一般的傳播公司都會拿去再次拍攝使用，因為專業錄影帶並不便宜；但是我選擇將拍攝的母帶留下，就這樣累積超過三千支，為了這些錄影帶，還特別在公司弄了一間恆溫恆濕的庫房來保存。因此我捐贈給「客家文化發展中心」的拍攝母帶，幾乎影像都保留完整。當時沒有重複利用這些錄影帶，的確也是因為「捨不得」，畢竟母帶裡的畫面都是我辛苦從各地拍攝回來的心血──空白拍攝帶再買就有，但是裡頭的畫面卻不見得再能取得。

將心比心，吳氏兄弟一定也是基於「所有的照片都是很用心拍攝的」，因此沖洗時也為自己保留一份。

吳金淼的「寫真」事業是從1932年開始，當1935年他正式取得「寫真營業許可」，他更具信心的接受各方邀請進行留念「寫真」。此時日本統治台灣剛滿四十年，正值日本在台的巔峰時期，社會安定、人們生活富足，吳金淼外拍的機會相當多，因此也記錄了許多當時的家族，加上生意不惡，他有餘力進行一些影像保存的工作。除了玻璃底片，他也保留了近萬張個人或團體的照片，這是別的照相舘絕對不會做的事情，畢竟這需要多花金錢、時間、精力以及存放空間，而因為吳金淼兄弟的堅持，為後人留下了珍貴的文化資產。

我曾經和母親聊起吳金淼與老照片，母親的回應很有意思：「我以前還是『人家女』（未出嫁）時，經常和朋友到他那裡照相，當時楊梅也只有他那一家照相舘。」家裡還保留母親「人家女」時代的照片，但是在吳榮訓提供的照片檔中卻沒有發現。由此可知吳氏兄弟雖然留下了上萬張的照片，但是還有許多沒有被保留而散布於各個家庭裡，因此如何延續楊梅老照片的蒐集保存，也是未來可以好好規劃的。

吳氏兄弟所保留的照片，大部分

都是以營業為目的所拍攝，與鄧南光及其他人以興趣所拍攝的照片，內容與風格有很大的區別，因此看待吳氏兄弟的作品，我個人是以歷史的角度來賞析。本書內容是我從吳榮訓提供一萬一千多張數位檔案中挑選約二百張照片，加上吳金榮對其中一百零八張照片口述解說，以及我對圖像的文史背景考察補充而成，請讀者帶著「歷史感」一張張往下欣賞……。

吳金淼（左）吳金榮（右）攝於攝影棚，棚內的背景板都是出自吳金淼之手。（約1970年攝，攝影者不詳）

在整理吳氏兄弟的照片過程中，我發現吳金淼除了在寫場（攝影棚）內替人拍照，也經常幫團體、家族外拍，於是不經意的記錄下不同時代的楊梅環境。解析這些相片，從吳金淼開始拍攝時的日本時代，一直到1970年代，許多楊梅重要的人、事、物都可以在相片裡看出端倪。於是我把這些照片挑選出來——日本時代在楊梅的日本人家庭、楊梅公學校、楊梅國民學校、各地的國語講習所，以及日本時代知識青年充滿自信的臉龐，得以重塑日本時代的楊梅印象。

在楊梅落腳的日本人幾乎都是公務人員、教員、憲警，這些有公職身分的人都是住在公家宿舍，當時日人的宿舍集中於楊梅分室（今桃園市政府警察局楊梅分局）一帶，與在地人的互動並不密切，一般人也不敢隨便進入，所以我很少從長輩那邊聽到有關楊梅日本人的事情，想要描繪日人在台的狀況，可能只有從影像以及前代作家所描述的文字去聯想。本章介紹的這幾張照片，剛好可揭露部分當時日人在楊梅宿舍的生活樣貌。

日式宿舍區正確位置在楊梅公學校與楊梅分室後方之間，至今此宿舍區還保留，但是大部分被整修過，原貌盡失。

⓵ 女兒節

楊梅日本家庭過女兒節及可愛的楊
梅小「灣生」（在台灣出生的日本
人）。（約1940年，吳金淼攝）

　　我在楊梅進行耆老口訪時，很少有人提到楊梅日本人的家居生活，在逐漸閱讀
些日本時代對台灣的治理方式後，我發現這是必然的。畢竟日本是統治者，台灣只
是他們的殖民地，高高在上的日本人，除了下意識看不起台灣人，台灣人本身也不
敢主動靠近日本人，鴻溝就橫亙在兩者之間，造成這種情況。

　　這張照片是3月3日於日本女兒節拍攝的，女兒節是祈求女孩健康長大與幸福美
滿的日本傳統節日。照片中間女士抱著的就是女兒節人偶，原本習俗是將草製人偶
放入溪流漂走，代表將女兒身上容易帶來病痛的邪氣趕走，但是人偶越做越精緻，
捨不得放流，而擺置在家中。

　　女兒節家中擺飾的人偶共有十五尊，擺設的方式就如照片上方所示，放置人偶
的台階可達五層之多，較慎重地還另外加兩層，一層擺家具模型，另一層則放交通
工具模型。前方三串吊飾，左側是圓球與小人偶，非常的美麗，在女兒節前一個月
就要布置完畢，女兒節過後約一周就要收納起來。

　　女兒節的代表食物如下：裝飾成男女兒童的飯糰、蛤蠣湯、壽司、白酒、各式
甜點與蛋糕等。

⓪②日本小孩與台灣香蕉

日本小孩於楊梅分室旁日式宿舍庭
院合影。（約1940年，吳金淼攝）

　　「台灣的西瓜　真正好啊　綠油油的皮兒　黃澄澄的心兒……」這首歌是我高中時代班際合唱比賽的指定歌曲〈台灣的西瓜〉，看到這張照片，音樂的旋律立即在心中迴盪，歌詞中把「西瓜」改成「香蕉」也饒富趣味。

　　這五位日本小兄妹的父親不知從哪裡弄來一大串香蕉，安排他們在香蕉樹下合影留念。照片是要寄回日本內地，讓親朋好友開開眼界。於是大費周章地請吳金淼來拍照，香蕉被慎重的放在中間的椅子上，當成主角，表現出日本人對香蕉的由衷喜好──這當然是吳金淼的巧思。

❸ 楊梅分室

新竹州中壢郡楊梅庄楊梅分
室。（1944年，吳金森攝）

吳金榮口述：這是新竹州中壢郡楊梅庄楊梅分室，設有警部部長、巡查、刑事，
裡面關有犯人，但是又不像監獄，小小間的。這分室外觀很好看，現在變成分局
了，畫面中這個人是刑事。

刑事組以前叫作「探偵」，全是日本人較多，到部長級大體都是日本人。平時一
般人是不太愛去那裡的。戰爭時食物不充足，配給制度一實施，走私便會出現。
本地人家裡養的雞等家禽，殺了以後要載上台北賣，賺些利益，經常會被抓到，
被抓到後東西就充公，然後被打到一身都是傷。當時打人是用牛鞭打，被打之
後，一般走私的人還是不怕，因為沒得吃就會餓死啊！比如說向人買番薯還要自
己去挖，當時油鹽米全都要用配給，豬肉一個人才幾兩而已，沒有多。

　　分室、宿舍區與楊梅公學校，剛好都是沿著龜山的山腳下設立，劉銘傳時代
所興建的鐵路在此區經過，當時鐵路東側是楊梅的公墓區。1899年日本人將部分
墓區與茶園建成了楊梅公學校，而為了解決老師的住宿問題，則在旁邊蓋了日式宿
舍區、分室以及消防隊等。如今分室改建為楊梅分局與消防隊，正前方為省道台一
線。

🄜 派出所建築上棟紀念

吳金榮口述：這是楊梅分室的上湖派出所，又叫作上四湖，以前稱為「中壢郡楊梅庄上四湖」。圖片中的人是巡查（穿制服者），就是日本時代的警察。蓋這房子時，建築師大部分是日本人，工人有參雜一些台灣人，當時開設鐵路時也有很多西洋人來。清朝時在老街這邊有火車路，日本人來了之後，換到新街那邊開火車路，這邊就廢掉了。

上四湖位於今楊梅區的上湖里，地處西南角的老伯公崗台地上，這一帶屬於缺水台地，因此人工水塘密布。由東往西，依著地形的高低順序，有頭湖、三湖、四湖，之後地方上又將四湖分成「上四湖」與「下四湖」。

「湖」在客家話中並不是指有水的大陂塘，而是指在河階台地上自然形成的小型凹陷地形，由新竹城往北行，第一個小凹地稱為湖口（今稱老湖口）。昔日因為有鐵路經過而繁榮，目前湖口老街還保留有日本時代的建築樣貌。

拍此照片時鐵路還經過老湖口，尚未改道。

05 李金益庄長的送別照

攝於庄役所前的李金益庄長送別
照片。（1937年，吳金淼攝）

　　在日本統治下，台灣人一直都是被迫為日本國的利益來服務，而形成了差別主義的殖民政策。日本人為了掩飾專制統治的面貌，以及對抗日趨劇烈的殖民地解放運動，遂施行了「以台制台」的政策。

　　李前庄長指的是李金益先生，他是清代楊梅赫赫有名武秀才李祥謹的長公子，因為父親是楊梅重要人士，他在楊梅公學校畢業之後順理成章的承接了許多父親的人脈，而有機會主管地方事務。1922年，李金益被派任為中壢郡楊梅庄助役（副庄長），次年扶正為庄長。李金益十三歲時，父親過世，但是李金益相當聰明，十分有生意眼光投資許多生意，我記憶最深刻的就是我家附近的磚廠。除了經營生意也經營人脈，可以當十四年的楊梅庄長，可見其人脈的豐厚。至於李金益能夠成為楊梅庄長，表示日本人了解自己是外來政權，必須分出一些羹來攏絡地方勢力。

　　李金益的父親李祥謹二十六歲拿到武秀才，三十六歲過世，原先在今楊梅國小操場附近，校前路與縱貫路交會處的居所被稱為秀才館，光復前幾年，因楊梅國小擴建校園而拆除，今楊梅國小禮堂靠操場的角落就是秀才館遺址，附近的那條往新埔方向的道路，因而取名「秀才路」。

⑥ 保育園

茶工廠前的楊梅保育園結業紀念合影。（1941年，吳金淼攝）

日本從明治時代到大正時期，幼稚園和保育園最早是由私人家族建立。

為何有幼稚園與保育園的差別呢？幼稚園主要是提供給單薪家庭，因為幼稚園保育的時間較短，每天大約只有五個小時，經常舉辦各類型的活動，活動時家長要參與；保育園則托育的時間較長，幼兒將近十個小時在園內活動，適合雙薪家庭。日本統治台灣後，也比照日本制度在台開設幼稚園。

1921年總督府頒布了「台灣公立幼稚園規則」，公立托兒制度才步上軌道，但是楊梅一直到1939年才有保育園的設立，當時設了第一、第二兩所保育園，此照片是第三屆結業時將第一、第二保育園的孩子集合在秀才窩茶廠前拍照，同一天在此拍照的還有秀才窩與水流東國語講習所的學員。此地不是保育園的園址，但集合於茶廠拍照，完全是圖個方便，因為此處是秀才窩國語講習所的場所。

個人沒進過幼稚園，彭家到我這一代人，也要到1955年次的弟弟才第一個上幼兒園，看到日本時代的楊梅竟然有這麼多保育園生，非常驚訝。

ⓄⒻ楊梅公學校運動會

日本時代的龜山與楊梅公學校運動會。（1940年，吳金淼攝）

吳金榮口述：這是楊梅公學校，日本時代的操場。公學校是八九歲去讀的，一般是九歲比較多，大一點的十幾歲也有。現在看到的畫面，操場後面是龜山，龜山頂端還有一個小龜。龜山頂端下面，很寬，以前楊梅有人老去（過世）做為墓地。這張照片是公學校運動會的場面，在中間上面掛著萬國旗，站在操場拿著日本旗的都是小學生，一年級到六年級都有。那時候的義務教育是六年，六年級畢業後就轉為高等科，高等科念二年，公校就是這樣的形式。

　　楊梅公學校1899年1月申請設立，同年5月19日獲得當局核准，開始籌建校舍、宿舍。同年9月24日，初期招生開學，是為該校創立之緣起。1941年之後，楊梅公學校改稱為楊梅國民學校。學校建在楊梅龜山的山腳下，此地近鄰龜山的公墓。因為老師宿舍距離墓區不遠，有些剛自日本分發到此地的年輕女老師，不敢一個人進住，而會邀請學生作伴。

　　日本政府沿著龜山，建立楊梅公學校、日本教師與公務人員宿舍、楊梅分室、分室宿舍等，至今還可以看到當年規劃的痕跡。

⑧ 台北神社前的畢業旅行

楊梅國校生在台北神社前合影，順便到圓山動物園參觀是當時畢旅的熱門行程。（1944年，吳金淼攝）

　　在日本時代，一般的民眾只念六年的公學校，之後就進入職場當三年四個月的學徒，或是回家務農，從此就與學校脫離了。因此畢業旅行對孩子來說非常重要，只要做得到的，家長都會拚命地讓孩子參加。

　　1941年日本政府發布「國民學校令」，同時也使台灣教育令再度修正，將日人就讀的小學校、蕃人公學校與台灣人就讀的公學校一律改稱為「國民學校」。

　　上面那張即是楊梅國民學校師生在台灣神社鳥居前的團體照，台灣神社是日本時代台灣最重要的一座神社，位於今圓山大飯店。這座莊嚴的神社，依著圓山，從鳥居到神社主體層層堆疊，前方更開了一條從總督府（今總統府）直通神社的敕使大道（今中山北路）。帶學生參觀神社，也是當時皇民化的政策之一，期待藉由參拜神社，讓台灣人改為信仰神道，進而效忠天皇。這張台灣神社前的畢旅照片由吳金淼操刀，也就是說明此行吳金淼兄弟扛著大相機隨行。從吳金淼照片資料庫中留下許多的畢業旅行照片，可以證明當時人們對畢旅活動的重視。

09 楊梅國民學校班級合照

跳脫呆板的排排照，以杜鵑花叢為中心，營造出自然協和感。（1943年，吳金淼攝）

　　畢業前夕或者學期結束前，請來攝影師拍照留念，這是教育單位的心意，可惜我沒有這個福氣，國小與初中畢業都沒有全班級的合照，高中的全班合照還是我帶相機到學校去拍的，效果當然比不上專業相機所拍攝的。

　　這張在楊梅國民學校校園拍攝的照片雖然歷經半世紀以上，但是其解析度還是如此細膩，每個孩子的表情都很清楚。前排小朋友規矩地並排著雙腳，大部分沒有穿鞋，反映了當時的經濟狀況，但是孩子天真的笑容卻絲毫不做作。

　　日本殖民台灣，普遍對台灣人帶著歧視感，這是一個不爭的事實，但是也有許多有愛心的日籍老師真心對待台籍學生，我初中時的黃秀英老師，就非常懷念她念楊梅公學校時的班導師，她說：「我在楊梅公學校念三年級時，有一位剛從師範畢業，從日本來的女老師住在學校老師宿舍裡，她說要我做伴，我就一起去住。那時有咖哩飯、荷包蛋、味噌湯，我才國小十一歲，呆呆的說：『老師家怎麼有荷包蛋？咖哩飯這麼好吃！』她就摸摸我的頭說：『妳想要吃好吃的東西，以後當老師就有啊！』於是我一輩子就當老師，這影響我很大。」

⑩ 兒童戲劇表演

楊梅國民學校兒童戲劇表演，當時應該是常態性的，金淼寫真舘中大約有十幾張與表演相關的照片。（約1940年，吳金淼攝）

　　日人為了消滅台灣人的民族意識與文化，於是禁止台灣的傳統戲劇，1920年左右，日本政府意識到戲劇擁有潛移默化與渲染的力量，於是在台灣小學推廣以日語、歌曲、故事連結的戲劇。可惜的是，萌芽不久的兒童戲劇，來不及吸取台灣本土的養分，在中日戰爭開始之後，兒童戲劇的演出就以軍事、軍國的議題為主，目的是要鼓舞以及慰安軍士。

　　這張劇照足以說明這種情況：主角穿著日式衣服及稻草編成的裙子，指著一群跪在地上的孩子，某種程度顯示了權威的象徵。一張難得的舞台劇照，道出了台灣人幾乎完全遺忘的兒童舞台劇過往。

　　舞台表演在排練的過程中，肢體語言的訓練以及台詞的背誦，都能使學習者很快進入熟悉語言的狀況，正式演出時更能將戲劇的主要意涵在不知不覺中傳遞出來，真的很佩服日本人用舞台劇表演來進行皇民化教育。說真的，我這1950年代出生的，從小學到高中，學校都沒有進行過任何戲劇表演活動與訓練。1970年代，因為興趣而進入文化學院戲劇系影劇組時，眾親戚還問我：「到底在想什麼？念戲劇系！」

⑪ 高等科學生

楊梅公學校高等科學生於校園合影。
（1935年，吳金淼攝）

　　即將從高等科畢業的孩子，約莫十五六歲，開始會思考人生的未來，幾位學生遙望遠方，符合此時的心情，這一定是吳金淼要求的擺拍姿勢。

　　根據楊梅國小校史，1934年成立楊梅公學校高等科。當時一般人的學歷大部分是公學校念了六年，學得基本知識就是知識分子，再念兩年的高等科應該可以稱為高等知識分子，像我幾位伯父，高等科畢業之後就進入公部門工作。高等科在台灣「光復」後兩年就停辦了，取而代之的是念三年的初級中學。

⑫學生與二宮尊德塑像

楊梅公學校畢業生回校參加活動，於二宮尊德雕像前合影，左方的日本國旗透露出時代訊息。（1935年，吳金淼攝）

　　出生於1787年的二宮尊德，十四歲時父親病故後就承擔起幫母親維持家計和照顧幼弟的重擔，白天上山砍柴，晚上編織草鞋，以賣錢補貼家用。明治時國定修身教科書中所寫的「文部省唱歌」歌詞——「砍柴又搓繩，草鞋作不停。父母好幫手，幼弟照料勤。兄弟友愛深，雙親盡孝心。二宮金次郎，世人好典型」，可以說這個形象也是日本文部省期待日本國內年輕人學習的榜樣，因此二尊宮德背著薪柴努力苦讀的雕像，在日本時代校園內十分普遍。從學校普遍設立的雕像，可以反映當時執政者的心態。

　　戰後，這些日本時代的校園雕像國民政府全部未保留下來。

⑬桃園農校的學生

桃農初中部學生與軟式
網球，此圖前排右二為
家父。（1940年，吳金
淼攝）

　　日本政府對台灣的教育不可說不用心，校方會在校內舉辦不同性質的社團，我之前訪問作家鄭煥生念宜農時的學生生活，他也提到：「學生們會結合意識相近，以及志同道合的人，一起做一些課外活動，大部分的學生在課業之餘都會從事體育運動，如武道、田徑、網球等。」這張家父留下來的照片，是他就讀桃農初中部時與同學打軟式網球的合影，照片中的學生都沒有穿運動鞋，卻特地請吳金淼以大型相機拍下照片，原因為何？可惜已無機會請家父說明了。

　　我念書的期間也流行打軟式網球，至於台灣何時流行硬式網球我無法確定，但是我楊梅初中與新竹高中時的體育老師都是受日本教育的，他們的網球都打得一級棒，當時打的是軟式網球，球拍、球都與照片中相同。軟式網球是源自於英國的硬式網球，19世紀末，日本人將英國較硬且覆有毛絲的橡皮球做了一些改變，使用較軟的橡皮，而且沒有覆蓋毛絲，網球拍也比硬式網球拍較輕一些。

⑭ 老坑國語講習所

　　日本時代，日本人為了加速對台灣的深入控制，推行「國語」是首要之務，於是1930年起以不識字的台灣民眾為對象，以教授日語為主而設置了國語講習所。在總督府的推動下，台灣各地先後設置修業年限一至四年的國語講習所，或一到三個月的簡易國語講習所，來全面提升台灣人的日語能力。全台實施國語講習所制度之後，台灣人的日語普及率就逐漸升高了，經過十年，到了1940年，經調查，台灣有一半以上民眾能夠使用日語了。（藤森智子，p.2）

　　老坑位於楊梅往龍潭的方向，經過老坑，爬上坡就是龍潭銅鑼圈台地，至今都還是有名的茶區，拍攝地點為老坑茶廠。很少人了解在公路未通時楊梅的茶是如何運送到大稻埕？其實都是經過老坑的保甲挑擔古道，到龍潭的三坑子上船到大溪或直接運送到台北。清朝乾隆時期，漢人進入楊梅壢開發，其區域在：水流東、秀才窩、燕子窩、老坑等大平山山腳下，富涵水源的地方。待水田開發完竣，墾民就逐漸的往山坡地，於是山坡地上水源無法到達之處，就被開闢為茶園，因此沿著大平山系的山坡，昔日布滿了茶園。

⑮水尾國語講習所

水尾講習所修了紀念合影。
（1940年，吳金淼攝）

吳金榮口述：這是水尾的講習所，楊梅到新屋的中間有一個叫水尾的地方，一個單位就有一個講習所。這不是只教小孩子，婦人家也可以來學日本語，那時候穿的衣服有比較現代的，也有穿著舊式的。前面這位是水尾的保正，姓鄭。」

　　我來分析日本時代楊梅國語講習所的狀況：講習所不是正式的教育，目標是要推廣日語，好讓台灣這塊殖民地與日本內地的差異逐漸變小，以利於政策的推動與統治，因此經常借用空間較大的場域，例如茶工廠、廟內及大家族的公廳（祖先祠堂，又稱廳下）。水尾附近住著幾個大家族，主要是彭家和鄭家，講習所就設在鄭家的公廳，參與講習所學習的年齡差異頗大，小的只有五六歲，年齡較大的則接近二十歲，甚至超過，學習內容都是日文入門、最基礎的課程。

　　師資方面，受過高等科教育的人就可以了。我的外婆家住在高山頂，一個缺水而貧困的地區，一般的孩子都沒上學，我的大阿姨在楊梅公學校高等科畢業之後，就在當地的國語講習所任教，很多學生年紀都比她長，白天需要下田耕種，上課時間都選擇在晚上。

⑯ 講習所的女學員

吳金榮口述：這是一個講習所，講習生專收女生，你看到這服裝還是穿大襟衫、裙子、白襪，是五六十年前婦人家的服裝，在竹林下拍攝。這裡面有兩款衣服，多少有差別，以前老衣服是圓領，摺領子的就較新式。

　　吳金榮沒有說明講習所的性質以及拍攝地點，但倒是這些女士衣著的多樣性饒富趣味。

　　這些女士年齡層橫跨十幾到三十幾歲，剛好可以比較世代間服裝的變化：圓領的為漢式服裝，但是與美濃地區流行的藍衫又有差異。藍衫同樣是圓領，但是長及膝蓋，袖子也較長，工作時袖子往上摺，就成為袖袋，可以放些小東西。甚至美濃藍衫的圓領也因為身分的改變而有花色的變化，所以很多人以美濃藍衫為客家服飾的代表。不過，至少我們楊梅人，不穿藍衫，有圖為證。至於摺領，就受到西方文化的影響。

　　日本人除了「國語講習所」，也設立了如縫紉等具有專業訓練的講習所，訓練婦女相關的生活技能。

⑰ 龜山頂遙拜所

吳金榮口述：日本時代在龜山頂較高的位所，就做一個遙拜所，遙拜日本神。當時有神明生日，神社的和尚會來這裡做典禮。旗杆台旁邊有昭和太子來台灣的石碑紀念碑，用水泥築（底）的，石碑好大一個，現在石頭刻的紀念碑早就不在了。這是我哥年輕時和鹽館賣鹽（右一）的合照，第二位是本街的剃頭師傅，第三位（中間）就是我哥，當時很年輕。他又如何拍自己呢？可能是安排好了之後叫別人按快門。第四位劉天龍是音樂天才，第五位是陳顧盛，當時兩個一起去當日本志願兵，都到過大陸。兩個人個性不同，一個愛走最後一個，一個認為走最後絕對危險。

　　龜山是楊梅壢內一座凸起的山頭，可以鳥瞰楊梅全景，天氣好的時候可以看到觀音海邊的白沙燈塔。這個遙拜所，顧名思義是要對日本諸神進行遙拜。旗杆台的方向朝著正北，就是這種意義。這個旗杆台建於1940年，之後就規劃在龜山巔建立一座神社，後因太平洋戰爭發生而停止。無論遙拜所還是神社，都是日本皇民下的產物。遙拜所在台灣光復後被拆除，我小時候第一次上龜山，曾看過遙拜所拆除後的平台遺跡，當時也有看到白沙燈塔。

⑱ 楊梅二渡橋旁

連接橋端與馬路的地方，日本時代稱為「碼頭」，這群人站在那裡拍照有點在耍帥。（1938年，吳金淼攝）

吳金榮口述：楊梅要南下有兩座渡橋，這裡是第二渡，當時年輕人會在橋的碼頭上這樣站著來拍一張紀念相片，他們是二十幾歲出頭的人，年輕力壯，站在碼頭上還站得住。這是還沒戰爭（太平洋戰爭）以前拍的。」

二渡橋就是今錫福宮旁（大華街）下去的第二座橋，下去第一座橋稱為頭渡橋，當時縱貫路在頭渡橋南端與大華街會合，經過二渡橋繼續往南，因此二渡橋一度是縱貫路橋。

每次欣賞吳金淼的作品，我都會感覺到他的「玩心很重」，不時地將相機搬出寫場與好友「玩」。像這種拍合照的方式，多半是吳金淼企圖拍出與眾不同、生動活潑的寫真。

⑲聖帝廟與苦讀的醫科生

聖帝廟前方的建築是日本
時代才加建的。（1944
年，吳金淼攝）

吳金榮口述：這個是以前的聖帝廟，後來改成麟鳳宮，再來是回善寺，取了三個
名字。外觀很漂亮，進去就是一座拱橋，再進去還有一個花園。

照片裡的人姓陳，是賣布店的兒子，當時想要考醫科，在回善寺裡讀書，住在這
裡。1994年整理相片的時候，這個人還在，1995年展出老相片時，聽說這個人剛好
去世了，在台北當醫生，過世時差不多七十幾歲。

這個回善寺看起來很漂亮，現在外環道路開設之後，道路開在廟旁邊，前庭被切
掉一大部分，看起來根本就不像以前的樣貌，一切都改觀了。這在日本時代是最
出色的，過年時人多到走不動。這裡是宗教信仰的中心，當時過年過節都會到這
裡來玩。

　　錫福宮與聖帝廟都是楊梅人成長記憶中重要的一部分，每年都要到奉祀三官大
帝的錫福宮祭拜；大年初一祭祖過後，整個家族都會到聖帝廟走春、祈福，因此從
這些照片可以串起我國小時的成長回憶。錫福宮在2000年被「偷拆」；聖帝廟早就
因為都市計畫道路拓寬時被「光明正大」拆除前方庭園——兩座我生命中重要的廟
宇，都有著類似的命運，頗為感傷。

⑳ 畢業生回校

楊梅公學校成立四十周年，畢業生返校合影。（1940年，吳金淼攝）

吳金榮口述：這是以前的楊梅公學校，照片右邊註明「皇記二千六百年」，是開校四十周年的紀念，公學校畢業二十二回生的同學會。在這公學校的正門前，插有日本旗，屬於日本時代。背後的銅像為「楠木騎馬」，放個銅像在那邊，是當時學校裡的景色。這些人，前面坐著的是張芳杰先生（左一）、陳庚土先生（右一），後面的是謝源水（第二排左四），多少有些認識的人。

　　楊梅中學的創校校長張芳杰（1903-1977）是楊梅壢草湳坡人，1917年楊梅公學校畢業後考上總督府國語學校，畢業後擔任楊梅公學校教員。光復後任中壢國小校長，後於1948年創立楊梅初中，隨後於1952年增設高中部，楊梅初中就成為含括初中部與高中部的縣立完全中學，之後於富岡、新屋、觀音等地區共建立八所分校，完成了南桃園八所初中的建校，對南桃園的初中教育貢獻頗大。1968年台灣實施九年國民義務教育，楊梅高中遷移到高山頂的啟明初中，張芳杰也於當年屆齡退休，之後曾經短暫任職於南部與北部的私校。楠木正成是日本鎌倉幕府末期到南北朝時期的著名武將，後世將他塑造為忠臣與軍人之典範，被稱為武神，日本時代的台灣公學校校園都設有「楠木騎馬」的銅像。

㉑楊梅青年團

楊梅公學校畢業生於新年期間返校聚會合影。（1935年，吳金淼攝）

　　1935年日人治台剛好滿四十年，楊梅公學校也已招生了三十五年，一些畢業十二年的學生，趁著新年回到學校看老師，聊聊在學時的趣事，順便請吳金淼來拍張照。

　　門楣上掛著稻草編成的「注連飾」，祈求神明新一年的賜福，一切看來歡樂祥和，但是右邊門上掛著那塊「楊梅青年團」牌子引起了我的興趣。查了資料，發現原來日本政府也很早就將政治的「黑手」深入校園。

　　「1920年代，日治下的台灣民族意識興起，許多知識青年台灣意識啟蒙，產生許多團體。總督府推動官方的『青年會』與之抗衡，主要吸收公學校畢業者，之後逐漸演變為『青年團』，成為日治時期影響青年甚大的組織，在日治後期戰爭期間也成為軍事動員的力量。」（聚珍台灣，2020）

　　這簡直就和在解嚴前國民黨於學校成立黨部吸收人才，以及「中國反共救國團」公然的在學校舉辦活動，有異曲同工之妙。

伯公山寫場

在吳金淼的人像作品中，有許多是在伯公山上的大樹底下拍的，這點非常特殊。因為一般拍攝人像幾乎都選擇在室內寫場，但是由於地緣關係，吳金淼經常把照相機移到伯公山的大樹下，以大樹為背景，不但創造特殊場景，更連結了幾個世代楊梅人的感情，吳金榮在解說照片時，還不時的提到某棵樹的位置，以及它的特色。

我可以感受到錫福宮與伯公山在吳金榮心中的地位。在伯公山旁出生、成長、工作了一輩子的吳金淼、吳金榮兄弟，那一帶承載著他們許多的情感。吳金淼在此地留下了許多日本時代楊梅青年與婦女的服飾影像，加上吳金榮的解說，此章也可以是研究日本時代服飾者的資料庫。

ⓞ₁ 快樂的樂手

拿著樂器、戴著漁夫帽的年輕人，倚
著250多年的老樟樹合影，真帥。（約
1940年，吳金淼攝）

　　在這張照片中可以感受到吳金淼對人像拍攝效果的掌握：以老樟樹與錫福宮為
背景，廟頂交錯的人字形，被淺焦距的攝影手法給模糊了，成為美麗的背景。三位
展現自信笑容、有的拿著樂器的年輕人，浸沐在夕陽的餘暉下，顯得特別溫馨，這
種效果是在室內攝影棚無法做到的。七八十年前時尚青年的裝扮，與現今似無太大
差異。當時楊梅在玩西洋樂器的只有老坑那一帶的年輕人，他們也經常參加各種演
出，因此吳金淼拍攝的楊梅在地人表演，幾乎都可以看到他們的身影。

　　奉祀三官大帝的錫福宮原來位在大華路老街上，1911年因被日軍佔領與破壞，
楊梅鄉親決定在離原址不遠的伯公山另建新廟，新廟後方小山丘上有十幾棵百年老
樹，逐漸成為楊梅人最喜歡逗留的天然公園，是楊梅人的共同記憶之一。吳金淼開
寫真舘之後，更經常利用此環境為室外攝影棚。

⑫ 牛樟樹下的年輕人

牛樟樹根上的五位陽光
少年。（約1940年，吳
金森攝）

　　同一棵老牛樟樹但與上一張相反的角度拍攝，突出地面的大樹根成為舒適的座椅，搭配自然的笑容，幾位年輕人就好像倚靠在老人家的懷裡，快樂、放鬆。我也注意到當時除了木屐，也有人開始穿輕便的夾腳拖了。

　　這棵牛樟樹在1970年代被台灣省政府指定為列管保護的老樹，當1994年廟方計畫將老廟改建時，這棵三人合抱的老樹成為抗爭者的代言人，為此農林廳的長官還專程蒞臨楊梅，表達關心之意。

⓪③父與子

父親與騎著三輪車、精心裝扮的兒子，攝於伯公山。
（約1940年，吳金淼攝）

吳金榮口述：這位父親陳立民，以前在楊梅驛（火車站）當驛夫，驛夫就是在火車站裡面做事的。他穿的制服相當整齊，黑色的，帽徽、鈕扣是金色的，很耀眼。小孩沒幾歲，拿著日本國旗很得意，叫作陳雲鑑。當時年紀很小，現在（1995）可能六十幾歲了。當時普通小孩騎的三輪車就是這個樣子，要有些錢才買得起，因為陳雲鑑是長子，當然較疼惜啊。

　　小朋友手中拿著日本國旗，穿戴整齊，頗有過新年的氣氛。日本時代要求台灣人過陽曆新年，但是氣氛不太熱烈，台灣人還是以過農曆新年為主。

⑭ 戴氈帽的男人

伯公山上戴氈帽的男人。（約1940年，吳金森攝）

吳金榮口述：當時的人過年過節，很喜歡在伯公山老樹下拍照。這服裝完全是日本時代流行的樣式，當時很流行戴氈帽，一般人都有戴帽子的習慣。有的人還是穿衫褲，照片中穿的是唐衫洋褲。衣服是客家式，正中間有布鈕扣。這棵樹位在伯公山正中間，那棵樹很大，但是光復前就朽掉一半，現在還有一半，原本是很茂盛的榕樹——安伯公那棵。

「氈帽」是以羊毛為材質，「衫褲」則特別強調不是連身的長袍，當時兩位穿的「唐衫」是中國原鄉的傳統衣服樣式。腳上的木屐是日本式，夾腳且底部隆起，走起路來發出喀一喀一喀的聲音。日本時代有輛腳踏車真的很「風神」，我家四伯就有一輛類似的腳踏車，我練習騎腳踏車就是向他借的。「安伯公那棵」指的是早期墾民進墾到這一帶時，為了祈求平安而在伯公山的這棵老榕樹下安了一座「伯公壇」。爾後興建錫福宮時，伯公神位就請入廟內。

⑤ 開彩白店的男人

老樹、老衣與布店老闆，此
張照片就顯得有些嚴肅。
（約1940年，吳金淼攝）

吳金榮口述：當時一般的中年人喜歡到伯公山，這裡是好地方，又涼爽，夏天很
多人帶草蓆去睡中午覺。照片中所看到的是楊梅老街的青年，裡面包含謝源水
（右一）、陳黃（中）、陳盧（左一），這三位是開彩白店，就是賣布店的意
思。三位在伯公山最大棵的樹下拍照，還有一位穿拖鞋。

　　三人衣服的外型一樣，都是傳統的圓領。但是左邊那位，布扣改成了金屬製的
鈕扣，腳上穿的平底夾腳拖，與今日的外觀大致相同。吳金榮在介紹時也特別提到
「拖鞋」，依照外觀是屬於夾腳拖，而此人（陳盧）的鞋底是軟性的，可以推測他
穿的不是塑膠底就是當時流行的藺草編織的夾腳拖。

⑥ 流行的半西裝

日本時代拍照流行手上拿一支沒點著的菸。（約1940年，吳金淼攝）

　　吳金榮口述：這棵也是在半中央最大棵樹下拍的，它沒有朽掉的樣子也很好看，當時的中年人穿半西裝也是潮流。西裝裡面穿襯衫，日本話叫作「襯子」，才會派頭，但是沒有領帶，那時候就流行這樣的穿法。其中有一人穿白鞋，右邊兩位穿日本木屐，木屐屐底有兩個凸出來的地方，有雙條壟，腳拇趾那邊單個洞，加上兩側共有三個洞。腳趾頭要夾的地方叫作屐鼻，穿木屐走不快，聲音很大，人還沒到聲音就到了，木屐有兩寸高喔！下雨時很好用，不會浸到水。那時候每個人都手拿一支菸，流行沒點著。菸酒有專賣局專賣，不能私賣。台灣屬於日本管制時，還有很多人吸鴉片，那時保正兼賣鴉片，如果拿色牌的人要吸鴉片菸，還可以到保正那邊領，有小竹籜包著。當時不敢讓吃鴉片的人一下子就禁止，是讓他慢慢的改變，由保正來發鴉片菸。

　　四位被拍者的手中都夾著一根沒點燃的香菸，在吳金淼其他的照片中也有類似情形，吳金榮解釋「那是當時的流行」。日本時代對台灣人採取「鴉片漸禁制度」，將鴉片收為專賣，規定只有領取鴉片吸食牌照的人，才能購買鴉片，期間分成紅牌、黃牌、青牌三種，等到這些癮者過世，吸食鴉片者就慢慢消失了。

⑦ 穿青年裝的年輕人

吳金榮口述：這些就是青年裝，每年、每個月都要訓練，沒有閒下來的青年。這青年制服是日本式的騎馬服，打綁腿日本話叫「爺拖魯（音）」，鞋子叫作「它米（音）＊」，腳拇趾頭跟其他腳趾分開，鞋身是布做，鞋底是橡膠。這棵是兩三百年的牛樟樹，當時還看得到樹根，樹根延伸得很寬，後來築了一個駁坎，把樹根埋了一截，這幾十年來沒有感覺樹比較大，也不知道它多老了？

　　老牛樟樹於2000年錫福宮施工時，右側兩位年輕人站立的部分被截斷，於是老樹健康受到影響而逐年枯萎。「它米」目前較年長的人還有使用，我小時候建築工地上幾乎人腳一雙，甚至當公務員的家父也有一雙，所以當時我以為它是工作時的「制鞋」。在地青年加入青年團，可以被地方行政指導者認識，更加有機會進入公署任職，透過「青年團」使加入者產生與其他「非公學校畢業者」、「民間社運團體」的差異，又被稱為「官製青年」，這也在台灣人之間產生了程度不一的社會矛盾與分化。（聚珍台灣，2020）

＊（音），意指日語諧音。

⓿⑧ 穿大襟衫、梳髻鬃頭的婦女

三代女人於伯公山合影。
（約1935年，吳金淼攝）

吳金榮口述：這是在伯公山上半中央最大棵的榕樹下拍的，看得到的大椏已經有
些朽掉了。這是日本時代台灣婦女的大襟衫，她們穿拖鞋還有拿傘，那時候很流
行拿傘，無論下雨晴天都要拿。這傘是黑色的，晴天遮太陽，雨天遮雨。相片上
是三代人，阿婆、媳婦、還有孫女。

北部客家人的「髻鬃頭」髮型跟福佬人不同，與南部客家人髮式也不一樣，南部
人的是「麵線髻」（三把式髮型）。我爸開雜貨店時賣很多客家人用的假髮——

用頭髮做成的鬆。頭髮先梳到後面，再將鬆放入頭髮中。我聽當時老人家說，因為額頭的頭髮經常用力往後面梳，頭髮常被拉掉，所以額頭很容易是光光的。

　　很多資料都把「大襟衫」標示為早期客家婦女的傳統服飾，我個人則不這麼認為，各地服飾各有特色，而這種樣式的大襟衫也不是只有客家婦女在穿，許多老照片裡也看過福佬婦女穿著相同樣式的大襟衫。

　　左頁照片中婆媳的髮式有很大的區別：婆婆還梳著「髻鬃頭」，媳婦則簡單的將頭髮梳往一邊，再以小夾子夾緊，於後方結個髮髻。

　　這裡先說明南部客家人流行的三把式髮型，是先將頭髮往後梳成三把（左、右、頭頂各一把），再以細紅繩固定，然後將此三把頭髮像捆麵線一樣，集中捆在頭頂後側，因此稱為「麵線髻」。

　　而北部客家人則是流行「髻鬃頭」髮型，要加一個假髮頭套，此頭套放於頭頂稍後方，再以前頭的真髮蓋住，真假髮要結合得好看，需要花很多時間。因為加了假髮頭套，髮型顯得特別的高，因此又稱為「雞公（公雞）髻」，而腦後方的頭髮與假髮混綁結成髮髻，會高翹起來，稱為「雞公尾」。

　　梳理這種髮型耗時費工，又容易掉頭髮，1960年代之後就消失了。

標準的大襟衫與髻鬃頭。
（約1935年，吳金淼攝）

⑨時髦的未嫁女

當年的流行，今日的古典，卻也可能又變為明日的流行。（約1940年，吳金淼攝）

吳金榮口述：這就是日本時代最時髦的女裝，穿白襪子、掛鞋帶子的皮鞋。每一位都有外套，這是習慣。未出嫁的女孩，年輕人的大襟衫比較短，嫁過人後衣腳改比較長，遮一下屁股。照片中這些都還沒嫁人，大襟衫通通都比較短，到腰間的位置。

早期還沒有出嫁的女性通通都要綁毛辮，綁很緊，毛辮放下來時就放到後面，普通時捲起來比較多，出嫁之後再改成客家頭（髻鬃），之後慢慢進化才將頭髮梳到後面，結成一個錐，用網子包著。

早期客家未出嫁的女人都要綁毛辮，嫁人之後才梳髻鬃頭。（約1935年，吳金淼攝）

　　吳金榮沒說到的時髦流行，還包括戴著手錶，手拿包包，盛裝打扮。

　　圓領的大襟衫已經跳脫傳統的灰黑色，有花格子以及繡上美麗花紋，配上裙子、項鍊，半西式的裝扮毫無違和感。1895年明治時代來到台灣的日本人，也將西洋的文化帶來台灣。文化的改變是漸進的，不動聲色的，「這就是日本時代最時髦的女裝」，照片中的女性追求時髦，此心態亙古不變。當下的流行，日後的傳統，影像記錄了過程。

　　髮型常因時代影響而有所改變，「將頭髮梳到後面，結成一個錐，用網子包著」是受到福佬人的影響而流行於客家婦女之間，小時候我外婆就是梳這種髮型。

⑩ 穿長衫的人家女

我初中同學的母親（後排右二）是張福醮醫師的夫人，與一群穿旗袍的人家女合照，每位都是氣質美女。（約1940年，吳金淼攝）

吳金榮口述：這樹下的女子就是當時的「人家女」，人家女是指還沒有出嫁的，通通穿長衫，日本時代叫作旗袍，穿長衫看起來很高瘦很好看。後排右二姓葉的，之後嫁給張福醮醫生做餔娘＊，現在如果還在也八十幾歲了。這張是在伯公山上最大棵的榕樹下拍的。

　　吳金榮先生在敘述裡用了「旗袍」與「長衫」兩種名詞，相當有意思。

　　旗袍源自於1920年代的上海，將原本滿族人的長袍加以配合女子身形剪裁，呈現了婀娜曼妙的身材，因此立即擄獲了眾多女子的心而蔚為流行。日本時代，旗袍傳到台灣，很快的在1930年代也流行於上層社會，台灣人習慣稱這種衣服為「長衫」，但是因為衣服最初樣式源自於滿族人，所以又稱為「旗袍」。當時的樣式並無開岔，最多只於裙襬下方別上一些裝飾。　　　　　　　＊北部客家人稱妻子為「餔娘」。

⑪少年公校生

大榕樹是伯公山上拍照的主要背景之一，更曾是伯公山森林音樂會的舞台背景。（1940年，吳金森攝）

吳金榮口述：這是錫福宮後面，上伯公山靠右邊坎面，最前面的那棵榕樹。我們去年（1994）在前面演講和開音樂晚會的那棵樹，照片中還看得到樹根，以後修廟被土填掉一截。

中間是吳俊明，穿戴的是讀公學校一到六年級學生的制服，吳俊明畢業後就過去大陸，最後在大陸當警察，光復後回到台灣，在台灣警察學校當教官。他穿的衣服樣式是當時的學生服，戴的是公制帽，帽徽梅花形的。其他兩位是穿台灣布衫，不是學生衫。右邊打赤腳的，是街上一個姓陳人的兒子，學校畢業後就跑去日本，去年（1994）還是前年過世了，年齡有七十幾了。在樹下照相的大部分都不在了，左邊的我就不認識。

　　1994年錫福宮護樹護廟的抗爭活動，這棵樹下成為辦活動的主舞台，大樹下的音樂會很少見，氣氛極佳，感動了許多楊梅人，老樹也因此得以保存。

　　不同的時代有著不同的生活方式，這個單元整理了與行業較有關聯的照片，從楊梅座（戲院）的上棟儀式、試演會，到劇團演出、商社的成立、特殊米穀乾燥宣傳，以及種茶、養豬等傳統產業，都是當時與楊梅民眾生活關係密切的事務。

　　尤其養豬與種茶，幾乎是日本時代到1960年代以前楊梅人的共同生活記憶。對當時台灣的生活而言，家戶養豬太重要了，從廚餘、排遺、肥料（當時無化肥）、金錢（重要收入）、社會組織等，牽一髮動全社區，一直到1970年代台灣生活水準提升之後，家戶養豬才慢慢消失。

　　台灣因地緣與文化的關係，日本政府對這塊殖民地有著特殊的期待，於是推出了更多他們心目中的「好東西」，許多施政至今台灣仍深受影響。除了執行殖民政府的新政策之外，文化、建築、公共建設等，也會把母國的傳統與作法帶到新的殖民地。當然，剛開始一定會對於人們生活產生翻天覆地的大變化……

ⓞ①楊梅座的上棟紀念

　　1929年劉銘傳時代的鐵路路線楊梅段，為了配合鐵路改善計畫而改道，因此原來與縱貫路靠近平行的鐵路往西移了1公里，這1公里就是今日楊梅的大成路，習慣上稱為「新街」。相對於老街（大華街），新街的空曠正適合大型建設，更何況新街街底的火車站正逐漸成為進出楊梅街的門戶。看準商機，楊梅的仕紳於昭和年間，集資興建楊梅座。戲院上樑的日子為昭和9年（1934）5月12日，人群後排穿西裝的為主要投資者，如鍾和桂、張福醮醫生等。「常設興行場」為楊梅這些仕紳的投資行場。

　　當時戲院的兩側都還是空蕩蕩的，甚至長滿了芒草，但是路邊的公共排水溝已經完成，可見這段時間正是楊梅街路快速發展的階段。而楊梅座位處於新街的中心位置，不論是從老街或是新街底的火車站走過來，都不需要十分鐘。這座戲院的建築，帶動楊梅新街的快速發展，成為楊梅附近人們主要的娛樂場所，早期都是演客家大戲*，非常受到老人家的歡迎。我的外公在大戲鼎盛的年代（1950），只要有新戲演出，他一定從高山頂走路來看戲，來回要走6公里。

*客家大戲又稱「改良採茶戲」，為台灣客家人特有的戲曲形式。

⓿②魁儡劇團試演會

藝光操人形劇團試演會，此時的楊梅座剛好完工第十年。（1944年，吳金淼攝）

吳金榮口述：這個是在楊梅座前面拍的，劇團演出魁儡戲，不是布袋戲，是吊鐵絲的。以前演的是漢人戲，做皇帝的，有生、旦、丑，之後皇民化運動，被迫改成做他們的城主式，演日本時代的時代劇，城主叫作「TONOSAMA」（日文發音）。你看這戲偶穿西裝（左下角），完全改變魁儡戲原來做戲的方式。前排左二是督導的人；前排左一是鍾和桂，楊梅座的負責人。背後門板上貼著「奉公債券」，日本時代有發行奉公債券。

　　魁儡戲與掌中布袋戲不同，魁儡戲演出時戲偶的動作都是靠人們手中的絲線來操控，上圖左二那位師傅雙手中掛滿絲線的「倒丁字」木製操偶器，最上端可清楚看見倒鉤，這是掛魁儡木偶用的。魁儡戲舞台最前方有一塊很大的八仙綵，八仙綵正下方有一排雕刻精美約15公分高的木作，擋住舞台的地板，地板上鋪著一塊草蓆，草蓆的後方掛著高約1.5公尺的黑布，操縱戲偶者就在黑布的後方，由於上方的八仙綵擋住了黑布後方的師傅，於是台下的觀眾只能看到戲偶生動的演出。照片上的「藝光操人形劇團試演會」文字呈現反面，是吳金淼在上字時將字貼反了。

⓪③ 劇團演出前的準備

日之出劇團在楊梅座演出
前的清掃情形。（1943
年，吳金淼攝）

吳金榮口述：日本時代的楊梅座，早期的戲只有三個人演，叫作「打採茶」，後來慢慢增加表演人數，以及更為豐富的表演內容，叫作「改良戲（大戲）」，也用漢民族傳下來的弦、嗩吶去伴奏。這是日本皇民化時代戲班演出前的打掃工作。照片中是日之出戲團，我有看過他們演戲，雖然是皇民化的戲，但他們講的是客家話。所以客家人的永久性，不會被日本人同化。

前楊梅鎮長傅標榮口述：「楊梅座光復後稱為楊梅戲院，戲院內後段有兩層，樓上的中間是放映電影的地方。」

據此我們可以了解，楊梅戲院在建築之初就規劃有電影的放映，只是當時台灣本土電影尚未開始製作，台灣第一部自製電影是《薛平貴與王寶釧》，於1956年元月放映，因此我小時候在楊梅戲院看的電影都是日本片。楊梅戲院內的座椅是一條條的長形木條座椅，沒有高低差，因此後座者經常會被前座者擋住。戲院內約可以容納六至七百人，這是記憶中「感覺」的人數。倒是在1960年代，我經常跑去看「戲尾」，在晚上最後一場電影開場大約四十分鐘之後，賣票與看門撕票的小姐離開了，趁此溜進去看半部電影，是我國小時的小確幸。

Ⓞ4 會社創立紀念

中壢商事株式會社創立紀念
照，裡頭有很多楊梅商人。
（1941年，吳金淼攝）

吳金榮口述：這是中壢商事株式會社創立的紀念照，在中壢拍的。中壢、楊梅所
有的大商人，想投資的就是加入株式會社。楊梅庄屬於中壢郡，因此中壢商事株
式會社中有很多是楊梅人，其中可能楊梅人佔一半，裡面也有我的堂兄。前面這
個是不是輕便車道，我也沒有看得很清楚。這地方現在已經不在了。

　　吳金榮提到：「中壢商事株式會社中有很多是楊梅人。」代表那個階段的楊梅
人已經熱衷創業，而且出現許多中小企業主。「前面這個是不是輕便車道，我也沒
有看得很清楚」，在我詳細檢視之後，確定是輕便車軌道。1920年代，日本治台
逐漸達到穩定的階段，各地農業的生產與山林產業的開發逐漸興盛，為了運輸的方
便，便鼓勵民間於平地鋪設輕軌，將組合的木板下方裝上輪子，主要以人力推動，
也有以獸力拉動。車行於軌道上可節省大量人力，楊梅分駐所前方就是當時的輕便
車站，通達附近各鄉鎮。如今我家前面的梅山西街就曾是通往新屋的輕便車路，因
此老楊梅人習慣稱它為「輕便路」。這種隨拆隨設的運輸方式在公路網逐漸發達之
後便很快地消失了，人力輕便車流行的時間不到二十年。

⑤野台戲

吳金榮口述：這是汶水坑，楊梅還屬於新竹州，廟前有臨時搭的戲台做大戲。當時年輕人喜歡遊山玩水，一約就走，那時我十幾歲，也跟著去。這是來到汶水坑做廟戲時所拍的照片，看起來是做日本時代的戲。汶水坑是位在楊梅和新埔清水交界處。

「看起來是做日本時代的戲」，於照片中看不太出來，但因為十幾歲的吳金榮有隨行，應該是錯不了。「日本時代的戲」只是將戲服改為日式，唱腔與發音都還保留台灣元素，想起來有點不倫不類。照片中面對鏡頭的九位民眾，看其裝扮，應該是吳金淼刻意帶著專業相機去拍攝的，為了舞台上的表演完整呈現，而將相機位置抬得相當高，因此「我也跟著去」的吳金榮，需要協助吳金淼，而沒入鏡。

汶水坑這座臨時戲台屋頂是用稻草搭的，竹架子也搭得堅固，照片右側戲台邊可以發現有四個人爬上看戲。從秀才窩沿著115號縣道往新埔的方向，經過了新埔與楊梅交界的龍崎頂就開始下坡了，不久就經過清水國小。很諷刺的，清水國小附近就稱為汶水坑；汶水，客家話意指「混濁的水」，「坑」則是指山間小溪，因此這個區域的河流也就稱為「汶水坑」。

06 稻穀的簀乾法宣傳

簀乾法宣傳在文獻資料中並無多大記載，但是它代表日本政府提升農業品質的決心。（1936年，吳金淼攝）

昭和十一年七月三日
◀楊梅米穀商協会簀乾法宣傳記念▶

吳金榮口述：這是鎮公所前面的老街，現在稱為大華街。由楊梅的米穀商協會，進行米穀的簀乾法宣傳，戴迎古董*的帽子。當時配給米完全經由米穀商分配。

　　請教台大農經系的彭雲明教授什麼是「簀乾法」，以下是他的解釋：「簀」是竹蓆。就是夏天曝曬稻穀時為避免稻穀在烈日高溫下過度曝曬，將竹蓆篩孔呈南北向覆蓋於稻穀上，略以遮陰，使溫度從四五十度降至三十到三十五度，徐徐乾燥減少稻米破碎，如此碾米時可將「胴割」（碎米）從六成降至兩成，米粒玻璃質色調明顯（較透明），煮成白飯後香味、黏性皆良好。1936年日本治台滿四十周年，當時社會安定與繁榮，已經從量的追求改為質的要求，此時台灣已成為日本主要米穀的產地，提供了大量的米穀到日本內地，為了能提高米價，品質的提升便成為米穀商協會重要的業務。

*古董：客語為「揶揄」、相互取笑之意。在傳統農村社會，有時會舉行各種遊街活動，每位參加者盡其所能將自己打扮逗趣，引起旁觀者開心，目前最有名的迎古董活動在北埔與竹北新瓦屋（六家花鼓隊）。

⑦ 醫藥宣傳隊

來自豐原的賣藥隊伍，四位年輕人騎腳踏車帶著宣傳旗幟與樂器，應該還有一大堆的藥，只是在畫面中沒看到。（1940年，吳金淼攝）

　　咚─咚─咚的鼓聲，配上高亢的小喇叭演奏，在各鄉間引來許多好奇的民眾。

　　這種宣傳販賣藥品的方式，以穿著與配件判斷，應該是沿襲自日本。騎著腳踏車從台中豐原一路來到楊梅，路程頗遠，還好當時腳踏車的座墊都是用非常厚的牛皮製作，很耐用，但還要帶著許多器材，相當辛苦。不過，在各種媒體不發達的時代，這種宣傳方式應該是很好的選擇。

　　細看畫面，吸引我的是「淋病藥」等那三面旗子，可見淋病在那個時期是一個嚴重的病症。

　　以黑簧管、小喇叭、大小鼓的演奏，跟我小時候看到的敲打小銅鑼與嗩吶來吸引人前來的「撮把戲」，形式雖不同，本質應該一樣。「撮把戲」也是以賣藥為主，先進行一段有趣的表演，待吸引夠多的民眾圍觀時，主持人那三寸不爛之舌，絕對不會輸給電視綜藝節目主持人，待大家看了高興就順勢推銷藥品或其他物品。

⑧ 石油礦的鐵工場

湖口鐵工場的工人們，大費周章請吳金淼來拍照，不知所為何事。（約1935年，吳金淼攝）

吳金榮口述：這是湖口的石油礦，以前新竹湖口北窩有一個石油礦，日本人來開採石油。開石油礦旁邊一定要有鐵工廠。日本時代開石油礦，可能西洋人、日本人都有參加，有一次不知為何石油礦著火，之後石油礦沒有開採成功。

關於湖口北窩口開採石油，最後失敗告終，這段時間相當短，幾乎沒有留下任何相關的描述，因此照片註明「湖口礦場鐵工場」加上吳金榮的解說，讓照片更具有歷史意義。

台灣開採過石油的地方不少，但是產油量都不多，較有名的在苗栗「出磺坑」，電影《源》就是描述清末時在那裡開採石油的故事。竹東石油礦則是老人家告訴我的，位於竹東往五峰員崠山側，開採於1927年，二戰時曾發生大爆炸。

湖口北窩，位於新竹與楊梅交界處，在結束開採石油之後，缺水的北窩又回復成為茶園，北窩開採石油的過往，都埋在茶園的紅土裡。倒是左右兩座高爾夫球場的投資者在這個山間挖到了「金礦」。如今沿著高速公路往南行，經過楊梅左側可以看到高爾夫球場，那一帶就稱為北窩。

⑨ 沖繩式帽子編織講習會

第一屆沖繩式帽子編織
講習會合影。（1936
年，吳金淼攝）

吳金榮口述：這建築物是老街的公會堂，在大華街往廟方向的左邊，公會堂是每個保正和保甲開會的地方。這是昭和11年（1936）沖繩式帽子第一屆編織的講習會，前排左一是醫生尹德財，前排左二是楊梅公校的校長坂本……李金益是前排右三，范姜萍先生是前排右一。范姜萍是後來光復節時宣讀國父遺囑的代理庄長。

前楊梅鎮長傅標榮對公會堂補充說明得非常清楚，他指出：「公會堂位在現今武營街與大華街路口，門口向著武營街。日本時代稱為保甲會議所，屬於六個里人的財產，做為公家的集會所，之後將不動產登記給鎮公所。太平洋戰爭時期，琉球、韓國陷入戰爭，公會堂當時全部提供給琉球婦女住，琉球人與日本人樣子有別，我們叫她們『琉球嬤』。日本時代公會堂變成練劍場，到戰後五十二軍也暫時入駐，民國40年還沒拆除，那些撤退來台軍人佔據的地方，位在今稱為大井頭的後方。」「沖繩式帽子」是以沖繩＊當地盛產的「阿檀樹」葉子編織而成；阿檀樹就是台灣的林投樹，先將葉子去刺，切割成5公釐寬度，煮過再經檸檬褪色，約一個月之後打成細絲就可編織成帽子。

＊1879年日本兼併琉球，改名為沖繩。

⑩打草鬚

吳金榮口述：這是做帽子前的打草鬚。天氣冷就戴氈帽，氈帽比較厚，帽頂凹進去，帽簷呈圓形；熱天就戴草帽，這不是藺草，藺草比較綠，這是用林投葉打的絲，白色的，林投樹海邊很多。

當時比較現代化了，這些年輕女生把頭髮放下來，但還沒有流行燙頭髮，只是把頭髮剪短而已，樣子很有淑女味道，看起來很溫順。更現代一點的就開始燙頭髮，髮型就變得比較澎。

　　這個打草鬚的工具類似早期割稻子時的脫穀機，但是脫穀機上的鐵絲以倒V形插入圓形滾筒，而畫面中的圓形滾筒則是插滿直立的鐵釘，鐵釘尖端外露，在快速的滾動過程中，將做帽子的林投葉材料扯成細絲，以利編織。此工法引自沖繩，成品稱為「沖繩式帽子」，質輕通風，戴上不悶熱。

　　日本時代為了推廣這項產品還進行講習會，這張照片則記錄了楊梅曾經進行「沖繩式帽子」的生產。這是一張難得的工作照，吳金淼儘量呈現打草鬚時的工作情形：每人手中拿著需要打成細絲的林投葉絲，自在的站在打絲機四周，用閃光粉打光，讓畫面呈現更多細微的層次。

⑪ 矮坪仔上的彩白業者

楊梅的賣布老闆們合照於矮坪仔。（1936年，吳金淼攝）

吳金榮口述：相片裡這些人除了左一是耕茶園的人之外，其他全都是楊梅老街布店的人，左二是謝源水，右一是陳柏*，這些是老街上五間賣布的五個老闆。日本時代賣布的叫「做彩白」，每到年節就會出外遊玩，當時的人流行同業一起，這有同業交流的作用。像我們照相的，有時也這樣玩，大體都跑到本地較多，有的較會跑的，夏天就到海邊。

　　矮坪仔位於楊梅大金山東北邊，在1970年代以前，楊梅東側的山坡幾乎都是茶園，矮坪仔也不例外。在楊梅東南方與龍潭接壤處往矮坪仔望去，此區的確顯得低矮平整些，因此稱為矮坪仔。照片中的相思樹是早期茶園的標配，這些相思樹砍下後做成木炭，炒茶、焙茶都需要它，砍後約五年又可再長回，生生不息。

　　當時楊梅街上開寫真舘的只有吳金淼，因此「照相的」相約出去玩，表示日本時代寫真舘之間的連結已經擴展到楊梅以外地區了，但是目前我能找到資料與作品的只有吳氏兄弟，吳金淼重要同行友人——中壢的陳振芳，卻無法找到遺留的作品與相關資料。南桃園寫真舘彼此之間的關聯性，還有很大的研究空間。

＊吳金榮口述中的陳柏，因柏與百的客語發音相同，文中採用「柏」字書寫。

⑫茶園施肥

楊梅矮坪仔的茶園施肥景象。
（1946年，吳金淼攝）

吳金榮口述：這是在楊梅矮坪仔整理茶園時施肥的方式，當時還是用人造堆肥，天然肥料啊！另外還會在茶園一壟壟茶樹中間種魯冰（魯冰花），長大後將它拔起，埋在茶壟裡當肥料。魯冰，日本話，開黃花，很美麗。我哥去拍的時候是民國35年，可能是增產主辦單位請他去拍的，日本時代楊梅庄是最推廣茶業啊，人們要整理茶園，不要讓它荒廢掉。

　　鍾肇政的小說《魯冰花》描寫山間貧困的茶農家庭小孩追求畫畫夢想的過程，結局以悲劇收場。台灣文學評論家彭瑞金曾經如此形容這部小說的精神：「作者以『魯冰花』為題，說是魯冰花謝了，留下的種子，明年又會開出一片黃色漂亮的花朵點綴人間。魯冰花不能算是花，不會被人種在花園裡欣賞，茶農在使用化學肥料以前，都以魯冰花當綠肥，滿山滿谷的魯冰花盛開時，並不失為一勝景，但魯冰花並不要贏得人們讚賞花兒盛開，而是植物生命能量的自然展現，魯冰花一開一謝，只是讓茶樹得到養分，可貴的藝術天才之於人間，是否也如是？」（彭瑞金，導讀）

　　而我個人則是對卡車後方「新農」二字感到興趣，小時楊梅武營街上有一家「新農茶工廠」，是曾經擔任楊梅鎮長的詹新枝家族開設的。

⑬ 採茶即景

台灣北部丘陵地區因大片的茶園風光而顯
特殊，許多感人的故事也發生在茶園，圖
為楊梅矮坪仔。（1946年，吳金淼攝）

吳金榮口述：這是施肥後可以採茶時的情形，你看茶簍好大一個，用人工採茶，
採茶歌歌詞有「採茶要採兩三片」，頭低低的。當時生產烏龍，最好的烏龍種是
青心大冇。

　　前楊梅鎮長傳標榮曾經也是楊梅茶葉改良的重要推手之一，他說：「矮坪仔
在現在的食水坑，頭重溪三元宮對面過縱貫路那邊就是矮坪仔，矮坪仔上面全部種
茶，所以每次採茶比賽就在那裡舉行，她們後面背的就是簍公。簍公做成那個樣子
也有它的原因，因為茶菁不能壓得太緊，要是壓過頭就會發酵，發過酵做的茶就不
均勻。這種中間凹下的形狀，下方的容量又可以大一些，客家話叫『簍公』，是專
有名詞。」早在19世紀下半葉，台灣茶葉開始外銷，因品質受到好評，需要量極
高，於是楊梅、龍潭連接到關西，形成台灣最大的茶區，茶、糖、樟腦為台灣外銷
三寶，其中又以茶為首，楊梅在其間就扮演著重要角色。楊梅的草湳地區在日本時
代就設有茶葉改良場，研究茶種與製茶技術，至今此改良場依舊扮演台茶改良的重
要推手。「最好的烏龍種是青心大冇」，這個烏龍茶最重要的茶種，就是楊梅茶葉
改良場花了二十三年才培育出來的。（彭啓原a，1996）

⑭ 龜山上的植樹活動

日本時代種樹節到楊梅龜山種樹。（1934年，吳金淼攝）

吳金榮口述：你看到這塊平的地方屬於老坑，現稱為永寧里。楊梅國小上方的山面上就稱為龜山，建楊梅國小時，將山腳一部分剷平來建學校，所以國小還是屬於龜山。這裡是國小上方的龜山頂下較平坦的地方，很早就被當作塚埔（墓地），最高處叫作龜殼頂，以前有皇太子的紀念碑。我念小學二年級時（1934年）的種樹節，我哥就在那照相，當時有一架日本飛機從天上飛過，我都還記得，我是種樹人之一，也有地方人士參雜著。

現在龜山完全改觀了，你看到的龜山塚埔這部分現在屬於楊梅中學，原貌沒了。當時的萬善祠有三個大石倉，長長的用石頭去隔間的石倉，裡面放沒人收留的骨頭，統稱「萬善公」，廢除建學校後就將骨頭拿到富岡的集義祠去。

當時一般客家人對死人非常注重，骨骸會收集到萬善祠，也會去祭拜。我爸也有參加萬善會，名分到今都還有，會員還有七八十位。

　　1948年楊梅地方人士協力向縣政府（當時屬新竹縣）爭取建中學，楊梅中學校地就選擇在龜山斜坡的這個墓地，因此前三屆的學生整理校園時，還會撿到原來埋在墳裡的先人遺骨，之後就集中安置在伯公岡（富岡）的集義祠（萬善祠）。（彭啓原b，2013）

⑮ 養神豬

照片中的婦人露出慈母般的
期許眼神看著神豬。（1936
年，吳金淼攝）

吳金榮口述：這是楊梅人養的神豬，很大一條，旁邊的婦人家打赤腳。周圍圍著
柵籬笆，怎麼會養那麼大條？不可想像。養神豬就是要拜神用，養越大對神就越
尊敬，那時候的人覺得養大豬很出風頭，而且不是隨便的人都可以養大豬，沒有
誠心誠意的精神無法養那麼大條的豬。

　　養神豬，除了吳金榮說的「誠意」之外，選種也需要經驗，豬的身形就是最
基本的條件，飼養過程中除了飼料的調配、生病時草藥或西藥的選擇、超過800斤
重之後的照顧，都需要隨時注意與調整，一不小心豬隻就可能死亡。我曾訪問一位
養神豬的飼主，他飼養神豬的用心還被老婆忌妒，每次餵豬時都會陪伴神豬一個小
時，一邊和神豬說話，手還不斷輕輕的撫摸。殺神豬當晚，我環視現場都看不到他
的蹤影，再看到他時，他紅著眼眶。

　　頭重溪三元宮建於1825年，於1936年舉行三朝（天）的慶成圓醮時，幾乎每
家戶都飼養神豬奉獻參與醮典普度。1944年日本政府進行皇民化，強迫廢止台灣神
祇，到太平洋戰爭結束之後，地方人士再請神登龕，才繼續奉祀。

⑯ 養豬仔

畫面中央的圓豬兜（小豬餵食器），由提手把下方
投食，食物流入最下方的大圓盤，小豬圍繞著豬兜
進食，大家都有機會。（1943年，吳金淼攝）

吳金榮口述：這位是吳阿參，他們家在日本時代最出名的是茶業。當時楊梅養豬
仔也很出名，做豬販的人很多，在豬仔足月過了，豬販會抓去賣。那時候楊梅對
茶葉、養豬方面很注重。你看吳阿參夫妻倆養的那條母豬，一窩就生有十幾條，
裡面有木頭做的圓豬兜，那背後彎彎的是母豬，這豬欄還是用石頭結的。公豬仔
沒有很大隻就要閹，閹後足月要賣給人家。當時一般楊梅人主要還是以養豬為副
業，養豬用碎米加上番薯煮的豬餿水（廚餘），不像現在用飼料，以前要將豬菜
（番薯葉）煮好後加入豆餅，是當時養豬的方法。

　　前楊梅鎮長傅標榮說：「以前鄉下人、街路人全部都養豬，反正房子後尾有
個位所就可養豬，洗米的汁、吃剩下的菜就給豬吃。一條母豬一年生下兩批仔豬，
一批平常生十條小豬，如果超過，母豬的乳頭不夠，仔豬就可以賣給別人；如果買
的人沒有母豬，就買米乳來餵，一般是養到一兩百斤才拿去賣，早期生活就是這樣
子。」

　　這張照片是和我同年代人的共同記憶：那對夫妻專注的看著這窩豬仔，心裡盤
算的是豬仔的價格好不好。母豬生豬仔是家裡的大事，我的父母也常在豬圈旁這樣
看著豬仔，也常聽他們討論目前的豬仔可以賣多少錢。

⑰磚窯廠

　　台灣的製磚技術自荷蘭時代傳入，直到日本時代才開始蓬勃發展，日人將自己的煉磚瓦技術帶到台灣，當時的磚窯為長條坡道型，俗稱「目仔窯」，我也曾聽客庄老人家稱其為「竹篙窯」。兩者都是以窯的長條型式來稱呼，我覺得「竹篙窯」較具象。

　　台灣光復後，戰後重建，所需要的磚瓦數量大幅增加，因此於1960年代後的二十好幾年，是製磚業最輝煌興盛的時期。

　　我在念初中（1965）時，穿過武營伯公前方的小巷子，就可看到一長排的磚窯，以及磚窯前方很寬的曬磚場──那是李金益在武營街旁靠楊梅溪坎上的磚窯廠。攪拌後的紅黃泥土，經過模具的塑型，變成規格統一的磚型，晾乾之後，再放入窯中煅燒，就成為一塊塊美麗的紅磚。

　　吳金榮拍的這張照片不是位在武營街旁李家的那間磚廠，但是磚廠的形式與我記憶中的李家磚廠完全一樣。上圖圓拱形門是紅磚的出入口，門旁的方形封口是放入煤炭的方孔，我記憶最深刻的是燒磚師傅將煤炭鏟入磚窯的過程，只見師傅鏟起洞口旁的煤炭，用力一揮，「咻」一聲！煤炭就飛入磚窯深處，動作渾然天成，頗具美感。

　　吳金淼拍攝的家族相片相當多，但畢竟家族照片不似產業照片，容易擁有共同的社區記憶。每個人長相各異，外人很難辨識，人過世後就等同消失，能留下影像被談論的人並不多。以黃乾茂家族合照為例，不經解釋，現在幾乎沒有人知道他是台灣光復後第一任的楊梅國小校長。

　　家族對地方的影響很大，家族的故事也饒富趣味，但是家族影像卻是最不容易被解讀的，只期待後輩進行楊梅家族研究時本書能予以協助。

　　自從我開始對楊梅的歷史感興趣以來，我注意到楊梅不曾有過一個家大業大的家族——那種可以和國民黨高層直接往來，討論政治布局、商業利益等級的大家族。

　　如果將歷史的長河拉到清乾隆初期，楊梅壢內根本就是荒埔一片，只有少部分人跑到壢內偷偷種植農作，而這種偷墾到了乾隆中期雖獲得政府允許，由多個家族合作組成「諸協和墾號」，但是各墾戶資金都很小，因此當乾隆56年（1791）清政府實施「屯墾」制時，楊梅壢內諸協和墾號下各墾戶的田產又歸零了，必須轉而向社番（平埔族）交租。有土斯有財，因此楊梅壢內無法發展出富可敵國的大家族。

　　吳金淼拍攝的照片中，網羅了許多楊梅的「大」家族。照片記錄當下的真實，自一張張老照片中，我嘗試拼貼出屬於楊梅家族的樣貌。

⑴代書・周東郎家族

周東郎家族於楊梅光華路老街合影。
（1936年，吳金淼攝）

吳金榮口述：這張就是以前的代書周東郎（右一），他代書做得很出色。他家以前有做過郵便局（郵局），這就是以前郵便局掛的牌子（圖左）。另外一個是黃佳賢（左一），是他的小舅子，他太太的弟弟。這事務所就是代書的辦事處，房子到現在還在，沒有改變，旁邊很多都改建三四樓。他是楊梅出色的人物。

　　吳金淼在按下這張照片快門時，他就想好要留下一張完整的家族介紹。於是將鏡頭抬高，上方「司法書士周東郎」的看板完整可見。照片中四張完整的招牌，代表姊夫（周東郎）照顧舅子（黃佳賢）的心意，以及日本時代「民間郵便局」的樣貌。再看看二樓細心搭起的遮陰竹棚，照顧著每盆花樹，「他是楊梅出色的人物」，表示周東郎在地方評價很高，除了職業特別外，本身的修養也夠。

⓿② 西藥行・吳阿生家族

吳阿生家族於楊梅老街合影。（1939年，吳金淼攝）

吳金榮口述：這是我叔伯吳阿生（右二）與叔母（左二）；右一是我叔伯的茂松哥（堂兄）與茂松嫂（左一），中間站著小小的就是我叔伯弟弟（堂弟），當時六歲，現在（1995）在我隔三四間開西藥行，已六十二歲啦！現在發福得不得了，他西藥行也開得很好，後來（1995）他看到這張相片，自己也嚇到。他們住在靠近錫福宮那條路旁一帶，靠廟很近，住的房子是租的，後面是屬於楊梅伯公山，與山靠在一起。

吳茂松（右一）還真的趕上流行，與伯公山上拍照的眾年輕人一樣，手拿一支未點燃的香菸。吳阿生夫婦倆坐的是竹製「交椅」，幾乎每家每戶的客廳都會擺幾張，當然較富有的人家就放藤椅或高級木製的桌椅。

除了竹製交椅，我注意到小孩與祖母腳上的夾腳拖，小孩的夾腳拖很薄，不是皮底就是藺草編的，穿起來輕巧。另外祖母腳上的夾腳拖，則是日本當時剛流行橡膠製的拖鞋「zori」（日文發音），這種人字夾腳拖，軟而輕，好穿，二戰之後很快的流行到全世界，至今歷久不衰。

Ⓞ³楊梅國小校長·黃乾茂家族

黃乾茂全家福，於楊梅聖帝廟（回善寺）
合影。（1940年，吳金淼攝）

吳金榮口述：黃乾茂先生（後排右一）是光復後第一任的楊梅國小校長。坐著的
是他太太，前排站著及太太手上抱的是他兒女。拍照的位置在回善寺，以前叫作
聖帝廟，也曾改稱麟鳳宮，之後又改成回善寺。以前前面的圍牆很美，圍牆過去
就是拱橋，有蓮花池。現在回善寺被開闢了外環道，這樣的景氣被開去一片，於
是旁邊變成大馬路，不像以前那麼漂亮。回善寺每逢過年、中秋節、正月半，一
般的信士會到那邊上香，平日楊梅人也會到那邊遊玩，很熱鬧。

拍攝的地方是在廟裡天井。以前聖帝廟是以關聖帝公為主，之後一個吳姓出家
人，將關公移到前堂，後面改成奉祀觀音佛祖那些，變成大位是觀音佛祖。一般
民眾說這樣的作法好像不是很對。

　「一般民眾說這樣的作法好像不是很對」正反應出地方人士的心聲。聖帝廟原
本是清朝光緒年間，楊梅人為敬奉關聖帝君而建的，只是曾經由出家人擔任住持而
有此變化。自從有記憶以來，每年的大年初一、祭祖過後，我們彭家整個家族都會
前往聖帝廟，走春兼祈福，直到1968年父親過世，我們家就中斷這個傳統。

④鎮長祕書・黃阿榜家族

黃阿榜家族於楊梅老家合影。（1940年，吳金淼攝）

吳金榮口述：這是以前光復後當過鎮長祕書的黃阿榜（左一），當時很有錢，他家是在回善寺旁邊的黃家。現在他和弟弟已經住在美國了，不在楊梅。這張相片是他爸媽以及兩兄弟的家人。這裡是在他老屋面前，當時比較老型的房屋外面會打籬笆，裡面一層是泥牆。地面也不是禾埕，禾埕就打（鋪）較平，方便晒穀子；鋪卵石的叫作「天時坪」，不能晒穀子。

前楊梅鎮長傅標榮回憶說：「黃阿榜當時住在楊梅二重溪，聖帝廟旁的人，日本時代一直在役場（鎮公所），光復之後也在鎮公所當祕書，後來三個兒子留學美國，他也跑去美國，早期蓋楊梅中學時他出了很大的力。」

我和黃阿榜的連結則是透過父母親，1949年進入鎮公所上班的家父，在我懂事時（約1959），在餐桌上經常聽到父親與他的「先輩」（家母於1945年入職鎮公所）談到有關黃阿榜的事情，因此當時黃阿榜是我心目中的大人物。的確，在1948年楊梅仕紳促請新竹縣政府建立楊梅中學時，黃阿榜是協助鎮長劉金標的主要人物之一。

⑤ 鄭屋的婦女與孩子們

鄭祿生家族於道東堂前合影。
（1940年，吳金淼攝）

吳金榮口述：這張照片就是楊梅鄭祿生住的道東堂（玉明邸），日本時代它是超出水準的建築，有貼磁花。這些就是他們家人，還是穿大襟衫，那個比較年老的人梳的頭就是「客家頭」，之後客家人頭有一點點改進，變成比較福佬人式的，福佬頭比較自然，比較單純。不像以前要梳客家人頭，天還沒亮就要起來梳，梳一個頭就要花好幾小時。以前他們穿的衣服和現在完全不一樣，這個小孩帶著公司帽*。

　　鄭祿生為第五代鄭玉明的三子，照片中梳著誇張的雞公髻髮型的阿婆，是鄭祿生的夫人葉奔妹。她的髮型現在看起來很誇張，但是掛在我老家正廳——我祖母的遺像，也是梳著相同髮型。鄭家是有錢人，我彭家在同一時代也算是有錢人，這種要花好幾個小時來梳的髮型，應該是有錢人才梳得起的。近看，鄭家玻璃木框大門與大門兩側的貼花磁磚真是漂亮、氣派，拍照時還特別搬來一張圓桌，鋪上繡花桌巾，擺上一盆國蘭，處處顯現鄭家的優雅。來到楊梅開墾的客家人，幾乎都是第四至第五代才慢慢累積出財富，彭屋與鄭屋都類似。

*吳金榮指的是第二排左一那位小孩戴的帽子，非傳統小孩或學生戴的，帽徽上或許是某公司的贈品，可惜當時沒問清楚。

⑩ 道東堂・鄭氏家族

道東堂（玉明邸）精美的建築外觀。（1940年，吳金淼攝）

吳金榮口述：鄭家的道東堂玉明邸，超水準的建築，至今還在，天時坪好寬啊，中堂之外的橫屋就不知道有多少（應該是七橫屋），看建築的形式，最前面的禾埕很大，靠近屋子的是天時坪，進去還有圍牆，圍牆之後是他家前面的大空地，空地之後才是正廳。你看這個房子，雕龍畫棟，作法相當超水準。日本時代到今（1995）七八十年，內部的建築很美，外觀看起來也很美啊！算是地方上很有名、很出色的房子。

　　道東堂玉明邸由鄭大模家族大房第五代鄭玉明興建，1927年完工，建築工法融合了日本與台灣傳統元素。使用泥磚（內層）、紅磚（外層）、交趾陶、彩繪與木雕等裝飾都是台灣元素；洗石子、柱石、彩磁等建材以及橫屋門廊下的拱形結構是日本引進來的歐洲建築風格。而且它也是少見的「一堂七橫屋」的夥房。

　　但是因為部分後代子孫將一部分土地產權賣給建商，原訂2014年8月2日拆除，經過另一派爭取保留的後代子孫和藝文人士發起搶救行動，文化局會勘後，公告為暫定古蹟。這種「暫定」，是台灣各地常見的現象，其實主要是先替沸沸揚揚的輿論降溫，至於結果如何？就待日後分曉。

⑦ 大和醫院・尹德財家族

吳金榮口述：這是日本時代最出色的大和醫院，院長為尹德財（穿白西裝），剛好在老街轉角處，是當時楊梅建築物中最漂亮的，五年前因為拓寬道路，面積所剩不多，他的孫子便將它賣掉，之後這棟建築物約在三四年前（1990）改建了。他以前在台北讀醫學校，要先從楊梅到大溪，大溪再坐船到台北，交通非常不方便。

日本時代大和醫院是楊梅最早的公醫＊，比方說死亡證明都需要公醫開立；也是楊梅庄最早的門診，當時的醫院沒有設病房。大和醫院光復之後改名為大同醫院。尹德財光復後也做過桃園縣的縣議員，當時是用民選的。

尹德財哥我叫他堂兄，她媽媽我要叫姑姑，多少算是親戚。他的兒子尹國潘也是到日本學醫，之後兒子從日本回來，醫院名稱也是叫大同醫院。尹國潘過世之後，醫院就漸漸地沒落了。

台灣光復後大和醫院改名為大同醫院，上方掛的旗子已非白色的日本國旗了，「大和」名稱恐會被影射為大和民族，而改名成孫中山提倡的世界「大同」，較適合時局。（約1946年，吳金淼攝）

　　為了紀念日本始政*四十周年與醫院看板更新，特別拍張照留念。左頁照片一樓看板內容寫著：「大和醫院 內外科 小兒科 性病科 伊田為吉」，右下角註明：始政記念日院看板更新（昭和17.6.17）。

　　這張照片最珍貴的是吳金榮這段話：「他以前在台北讀醫學校，要先從楊梅到大溪，大溪再坐船到台北，當時交通非常不方便。」

　　楊梅到台北要搭船的過程很少人敘述，畢竟日治時期鐵公路交通已經逐漸改善。楊梅到台北搭船的路線是利用當時的輕便車到達大溪，再從大溪搭來回於大稻埕與大溪之間的小木船到台北。這條路線也是日本時代早期（1925之前）北台灣茶葉輸出的路線，自1925年桃園大圳開通之後，大嵙崁溪的溪水驟減，也是大溪與台北之間船運時代的終止。

＊公醫：是指日本時代官方認定有資格驗屍開立死亡證明的醫生。日本治台後總督府在台推行的衛生醫療政策，取得公醫資格者要配合警察行政，來從事各種醫療相關業務。能擔任公醫主要是一種榮譽職，社會地位相當高。
＊明治28年6月17日（1895）台灣總督府舉行「始政」典禮。

⓳ 做香、經營戲班‧彭萬得家族

吳金榮口述：這是彭萬得伯的家人，他在老街做香，還有他也經營戲園（團），做廟戲的大戲，當時叫做大戲，現在稱為北管，也叫作亂彈。他經營戲班也做香，很出色。這是他舖娘（北部客家人稱妻子，右二），其他的是他的大媳婦與孫子們。他有好幾個兒子，他的大兒子叫作火輝哥，現在（1995）也有八十六歲了，他對石頭非常有興趣，火輝哥現在身體還很好。這張相片是在他家的竹園拍的，這些小孩子現在也有五六十歲了。他也是楊梅較出色的人物，店面在老街旁，在龜山尾後面、龜山塚埔旁邊有一塊田，還有一棟老屋，離沒多遠。當時會到竹頭下照相，是想以自然風景為主，普通年節到照相舘照相的較多。

　　照片左方那片竹叢，似乎經過刻意的整理，竹竿上幾乎沒有竹枝子。這是日本時代政府推廣的，住家附近竹子的細枝一定要去掉，使其通風，可以減少蚊蟲躲藏。我記憶中楊梅有兩家做拜神用的香，要將細竹製的香骨沾上做香的原料需要技巧，只見一大把浸過沾料的香骨，在鋪滿香料的大毛籃來回掃動，之後將香腳（未沾料那端）綁緊，匠師雙手一轉，一朵盛開的香花展開，晒乾裝入香袋即可銷售。

⑨ 錦水遊‧楊梅老街家族

楊梅老街家族共同到錦
水與獅頭山遊覽合影。
（1937年，吳金淼攝）

念記覽遊山頭獅水錦催主長驛梅楊

吳金榮口述：當時老街火車路換到新街去，新街火車站落成三四年以後，有舉辦
旅行，楊梅火車站長叫作驛長，有招楊梅人去旅行。這是錦水獅頭山，楊梅老人
家也有參加，我的堂兄吳阿林也有去，這個老婦人家（中排左四）就是武秀才
（李祥謹）的太太，以前楊梅很出名的李金益先生的媽媽，李金益有當過庄長。
裡面有很多我認識的——這是我哥跟著去錦水拍的。

　　「裡面有很多我認識的」，吳金榮的敘述隱含了「這些參加旅遊者都是老街一
帶的家族」，再一次的證明：楊梅的老街與新街居民，因為移住的時間有落差，彼
此間社交往來並不熱絡。昭和12年（1937）年輕的吳金淼扛著大型的專業相機，跟
著到苗栗拍攝遊覽紀念照，當時頭份的張阿祥（1916-2013）也與吳金淼相同，扛
著大相機外出替人拍照，不知道年紀相仿的兩人是否曾見過面？

　　此照片拍攝地點為錦水，背景是龐大的工廠設備，《頭屋鄉誌》介紹：錦水
村舊名「赤崎子」，據傳錦水村一鄰「羅厝」前發現有一池沼，因不斷噴出天然瓦
斯，致水滾騰不息，因而被當地居民改稱為「滾水」（客語發音）；另有一說：因
為當地天然氣甚多，溪流、池塘、水田等水面常有油膜漂浮，常見燦爛光影，故稱
「錦水」，錦水在日本時代就有天然氣的採收。（黃鼎松，p.375）

客家人稱火車站為「火車頭」，鐵路肩負著貨物的運輸與人們的往來，有太多的故事在火車頭發生。

楊梅火車頭因為地理位置特殊，曾負有軍事功能，我小時候曾多次看到火車裝載軍用卡車的畫面。至於吳金榮說的「中央研究院的古物，一來台灣就存放到楊梅『馬路通』的倉庫裡」，我也只是聽過。倒是火車頭前的廣場，許多活動都會在此舉行，如選舉時的政見發表會、賣藥的「撮把戲」、大型隊伍的集合點等。日治時期鐵路路線與車站有多次的改變，最早楊梅壢內的三站為安平鎮、頭重溪、崩坡。

1907年桃園廳內鐵路改道，楊梅壢內改設成兩站——楊梅壢和草湳陂車站。楊梅壢的設站促成楊梅老街（今大華街）快速發展。然而劉銘傳時代規劃的路線，在水流東崩坡段，經過長崗嶺的末端時遇上陡坡，造成當時的蒸汽火車常有爬不上的情形，於是1929年將鐵路改道，向西偏1公里，避開長崗嶺陡坡，也因而使得舊楊梅火車站到新火車站之間及附近地區迅術發展（今大成路）。

以新火車站附近為中心，新街快速的發展，范姜萍、劉阿圳等形成了楊梅另一批新貴，這些新貴們因為都是鄰居而自成了一個社交圈，與前庄長李金益為中心所形成的老街社交圈，產生了「上八仙」、「下八仙」的人際網絡。因楊梅地形傾斜，老街位於坡上因此稱為「上八仙」；火車頭位於坡下方，當然就稱為「下八仙」了。

ⓐ國際通運株式會社

人物後方即是國際
通運株式會社，位
於楊梅火車站前。
（1935年，吳金淼
攝）

吳金榮口述：這張照片是頭重溪的三界廟（三元宮）圓醮時在楊梅火車站前設立
的紀念門。後面是鐵道鋪的「國際通運株式會社」，牆頂上掛一個「通」字，叫
「馬路通」。「馬路通」是火車載貨的辦事處，辦事處的後面有很多大倉庫，那
時汽車沒那麼發達，所有的貨用火車載比較多。

日治時代到現在（1995），算起來是六十幾年前的事情，「馬路通」的建築物還
保留著沒有變動，位在面對楊梅火車站的右邊。

光復之後（1948），大陸的故宮博物院文物搬到台灣來，就放在楊梅「馬路通」
的倉庫裡面；中央研究院的古物，也放滿「馬路通」整個倉庫；故宮博物院臨時
的辦公室也在倉庫前面。這個位置雖然是暫時的，但是當時也有想要將中央研究
院設在楊梅，只是那時楊梅鎮長不熱心，之後中央研究院就到南港那邊去了，這
就變成楊梅人沒有福氣。國寶在楊梅這邊的倉庫裡可能放了好幾年。

　　關於吳金榮提到：「中央研究院的古物，也存放到楊梅馬路通的倉庫裡……故
宮博物院臨時的辦公室也在倉庫前面。」我在田野訪談時，梅中第一屆的學長胡淼
輝提到：「我的同學有好多父母是中央研究院和故宮博物院的人員，他們大部分功
課都很好。」圓醮一般是在廟宇建設完成後，為了答謝神恩在十數年之間祭祀圈內
風調雨順，廟方會結合祭典區的人們進行圓醮活動，為了標示祭典區的範圍並宣告
圓醮活動，會於各重要地點設置紀念門。

⑫日本通運株式會社

眾多穿著西裝筆挺的男士在馬路通前合影。（1937年，吳金森攝）

吳金榮口述：這是火車站旁邊的日本通運株式會社，也叫作「馬路通」，馬路通也就是火車站載貨的辦事處，在前面拍的。

　　日本通運是日本一家大型物流公司，也是日本最大的綜合物流業者，簡稱日通。成立於1937年，二戰戰爭期間，在國家體制下被整合成日本國內通運業者而成為國營企業，1950年轉型為民營企業。（〈日本通運〉，維基百科）

　　前幾年與七十多歲的堂兄聊天，他提到：「日本時代時，本來老爸（我的四伯）有機會進入『馬路通』工作，他拒絕了，跑到農會做沒多久又離職了，最後到台北幫人賣藥，要是他進入『馬路通』工作，就可以從鐵路局退休，領退休金到過身（去世），這輩子就不用那麼辛苦。」感謝吳金榮在照片解說時提到：「馬路通也就是火車站載貨的辦事處。」不然堂兄提到「馬路通」時我還搞不清楚那是什麼？目前這棟建築物還存在，是火車站周邊少數留存下的日本時代建築。

03 日月潭霧社遊覽出發紀念

日月潭，我們出發囉！
（1934年，吳金淼攝）

吳金榮口述：這張是要到日月潭旅遊，出發前在楊梅火車站前拍的。這是日本時代的車站，和現在的火車站同一地點，以後改為較簡單的樣式，以前的較寬。

　　拍照時火車站剛完工五年，在照片中可以感覺當時剛蓋好不久的日式車站的確相當寬，比較起來，1968年改建為水泥結構的火車站較小一些。

　　根據照片下方的解說文字，此次的活動要去北港、日月潭、霧社，在那個時代是件大事，能接受日籍站長「主催」前來參加的人應該都是家境較寬裕者，因此也都盛裝前往，出發前還特別請吳金淼來攝影留念。

　　這個日式的老火車站在我十六歲時拆除改建，因此還留有深刻的印象。走進大門，左側是賣票口，正前方的木製柵門是出入月台的剪票與收票口。

　　人生第一次獨自搭火車是十一歲，國小五年級，去哪裡？忘了！只記得好像完成了一件壯舉。十四歲之前搭火車都是往北，親戚不是住中壢就住在台北；車站拆除改建前短暫的一段時間，我通車往返新竹與楊梅，之後就住校了。

⑩埔心火車頭的驛長與驛夫

驛長與驛夫合影於日本時代的埔心火車站。（約1940年，吳金淼攝）

吳金榮口述：這張是埔心的火車站，日本時代（1929之後）楊梅有三個火車站，伯公岡（富岡）、楊梅、埔心。這是埔心以前的驛長、驛夫（站長、駕駛員）的合照。照片裡屬於火車鐵道站內，搭火車時要從左邊走天橋過去月台。

嗚～嗚～嗚，聽到火車的長鳴聲，一群學生立即用跑的，衝向火車站，司機們也知道每天總有幾個通車的學生因為貪睡而可能誤了車班，沒趕上車，下一班車可能要等一個小時，所以盡量提早鳴笛──這是許多學生的共同記憶。客家話稱火車站為「火車頭」，至今我還是習慣用這個名稱。

草湳陂車站初名「安平鎮」站。安平鎮於1920年改稱平鎮，即今日之平鎮市，但實際上平鎮又非在楊梅鎮境內。因地名與站名混淆而經常造成誤會，1955年車站乃隨里名改為埔心站，唯當地派出所仍稱草湳。

日本時代各地小型火車站結構都很類似，合照者正後方是木結構，剪票、收票根的進出口，再進去是候車室。照片最右側幾個圓弧形的東西是鐵軌的轉轍器，火車要交換軌道就靠轉轍器，目前都改用電動，之前則用手拉，管理轉轍器的責任相當重大，一不小心，火車會發生對撞。

⑤ 琦玉縣學農入學出發

我們要去日本囉，於楊梅火車站合影。（1940年，吳金淼攝）

吳金榮口述：琦玉縣農民講習館入學記念，這是日本時代到日本講習，去學什麼東西我也不知道，地點是在楊梅的火車站前面；合影的都是台灣人，身穿青年裝，是屬於農民的講習。

　　橫尾裕三郎於昭和8年（1933）3月在琦玉縣成立農民講道館，據說有許多學生都進入了這個短期農業實習的講道館，在共同生活的同時，也讓學生瞭解了農業管理的實際情況，受到全國的關注。（〈農民講道館農業短期大學〉，維基百科）

　　昭和15年（1940）中日戰爭正劇烈，日本一方面在台灣徵調有農業知識的「農業義勇團」到中國佔領區，如上海一帶，從事農耕，以補給軍糧；另一方面更積極的培養農業人才，如1938年成立桃園農校，以及不斷的派農民到日本內地去學習農業技術。赴日學農的這批年輕人共十九位，剛好是我父執輩的年紀，太平洋戰爭發生的前一年，1923年生的六伯（彭訓朋），相當幸運，「他於1939年楊梅公學校高等科一畢業，同年同月渡日本留學，1944年日本岐阜縣立斐大高中畢業後在日本航空會社舉職，1945年因日本大東亞戰敗後回台，1946年12月到楊梅國民學校奉職」（彭家祖譜），當時的校長就是在聖帝廟拍全家福的黃乾茂。

⑥ 楊梅木造火車頭

台灣鐵路行車保安週於楊梅車站的受獎紀念合影。（1952年，吳金淼攝）

吳金榮口述：這是楊梅火車站，民國41年楊梅安全週在火車站面前拍的一張紀念相，當時站長叫作吳仁松（前排正中），楊梅人，日本時代就在楊梅站工作，到台灣光復後，升為楊梅站長，一直做到退休，後背的大體都是楊梅人。

　　1903年日本政府將劉銘傳時代的鐵路線——頭前溪站與崩坡站拆除，於楊梅今區公所後方，建一座新站；1929年再因路線調整，鐵路從靠近縱貫路這邊遷移到靠近月眉山的目前路線，於是建了照片中的這座火車站，日本人稱「楊梅驛」，楊梅人稱「楊梅火車頭」。

　　1930年楊梅火車站木造老站體拆遷至南投集集重新組合，使用至今，成為有名的觀光景點。

集集車站建築體前身為楊梅火車站。（2015年，彭啓原攝）

07 大馬力的「火車頭」

於蒸汽火車頭前合影的驛夫。
（約1940年，吳金淼攝）

吳金榮口述：鐵路局上班的人說，這是日本時代馬力最大的火車頭。這些人叫作驛夫，駛火車的。新竹火車站37年光復節時我哥也有去拍照，驛員也有整百個，那張相片都還有（下圖），當時楊梅還是屬於新竹縣。

1913年完成的新竹火車站於1945年5月15日遭同盟國軍轟炸，站體部分被炸毀，1947年經台灣省政府撥款整修，1948年初完工。

因此吳金榮提到：「新竹火車站37年光復節時我哥也有去拍照。」就是指火車站修復後紀念光復節，車站全體員工集體拍照留念。

新竹站修復後，全體員工慶祝光復節的合影。（1948年，吳金淼攝）

1895年日本統治台灣，剛開始台灣人非常的不習慣，其間也發生了許多反日抗爭的事件。經過四十年，來到1935年，社會逐漸安定，百姓生活平順，吳金淼的照相事業也上軌道了，這個階段是他最忙碌的時間，也是他作品產出最多的階段。但緊接著而來的中日戰爭（1937），因戰場逐漸擴大，原本不用服日本兵役的台灣人也開始被徵召到中國戰場進行後勤支援的工作。既然要為天皇服務，同時這些殖民地的人就必須被教化成「皇民」。

在此章節的敘述中，吳金榮有時會將「中日戰爭」搞混為「太平洋戰爭」。此外，被派到中國戰場的台灣人有些是志願的，簽一年的約，每個月有薪餉。

皇民化運動對台灣的影響不小，要一個族群放棄自己的傳統文化信仰，的確強人所難，在吳金淼的照片中，清楚表現了皇民化對楊梅人的影響。

雖然此時台灣人並無服兵役的義務，不過早在1937年秋天，隨著日本對中國戰爭不斷的升高與擴大，日本殖民政府已先進行所謂精神總動員，宣告全面進入備戰狀態。

這個系列出現許多志願出征紀念照，原本這些出征的台灣人並不需要面對槍林彈雨，但隨著戰爭氣息逐漸逼近，雖然只是「農業生產團」，但是稱為「志願軍夫」、穿上軍服，就表示這些人已經成為軍事體制內的一分子。

⓵ 楊梅志願軍夫出征

保甲會議場前的四位志願軍
夫。（1937年，吳金淼攝）

祝楊梅志願軍夫出征記念

　　前方四位掛著肩帶的「志願軍夫」，被邀請到楊梅保甲會議場前拍照留念，稱
他們為「志願軍夫」，倒沒有什麼不對。

　　隨著中日戰爭戰場的不斷擴大，需人孔急，於是開始以給薪的方式徵用台灣
人，這些台灣人到中國戰場都是擔任後勤支援，不需冒著槍林彈雨，又可以賺錢，
因此不排除有人是「志願」的。

　　海軍也有徵調志願軍夫，前排右邊拿著日本海軍軍旗的（前排坐椅子右二）就
是加入海軍，送行的除了公務人員、保正，地方頭人代表只有鍾和桂（三排左一戴
眼鏡），其餘的都是被邀請前來送行的家屬。

　　拍攝地點位於大華街與武營街交會處，目前會議場已拆除，部分闢為馬路，部
分被佔用，地方人士習慣稱此處為「大井頭」。

⓿2 志願軍夫彭金泉出征紀念

樂隊前來送行，期待塑造一個快樂的送行紀念，攝於楊梅老坑。（1937年，吳金淼攝）

吳金榮口述：這張是日本時代徵軍夫，那時老坑有一家姓彭的叫作彭金泉，他們家在日本時代經營茶工廠，工廠很大。楊梅那時的特色就是茶，產業還是以茶為主體。這張相片是在茶工廠前面拍的。

這個形式完全就是日本式的歡送，旗子上面寫出征者的名字，還有西樂的音樂隊來歡送出征。這彭里長的兒子出征後有回來，最近才過身（去世）。

這個彭金泉他爸就是彭聰，彭聰在老坑做保正，老坑區就是現在的永寧里，那時候他的茶工廠一部分做為日本時代的國語講習所，讓那些沒有讀過書的，不管年紀大的小的孩子，通通都進這個講習所。

這個講習所是楊梅庄最出色的一個，裡面一個叫劉天龍（大鼓右邊蹲著戴眼鏡那位）的年輕人，很有音樂天才，找來王益，與一個姓吳的，組成一個樂團，來推廣跳舞、音樂方面，照片裡的西樂隊就是這個樂團。

　　此時日本政府還未實施「國家總動員法」，因此以「志願」的名義徵調，當保正的爸爸只有當表率，至於彭金泉是否「志願」就不得而知了。

　　照片內顯現老坑地區因茶產業而相當富裕，於是劉天龍能組成一個西樂隊，單為一個彭金泉出征，場面就能搞得這麼大，可見社區內居民互動良好。

　　劉天龍的西樂隊走在楊梅風氣之先，而且劉天龍與吳金淼關係良好，在吳金淼的系列照片中，細細的辨認與吳金榮的解說，可以發現其中有許多劉天龍的身影。

⑬ 新屋庄的農業義勇團

　　三位農業義勇團青年在親友的簇擁下，請吳金淼來拍照留念，已經移居楊梅的范姜萍先生（左三），還特地趕回家鄉歡送他們。拍照的地點在新屋街上，當時的新屋街道尚未鋪設柏油，街道上也種了行道樹，看起來是長著鬚的榕樹。照片上眾人合照的正後方豎立著一根電線桿，以及橫掛的幾條電線，此時街道已經通電了，台灣的電力整併開始於1927年，過程艱辛與緩慢，尚未整併前，有些腦筋動得快的人，會利用圳水等小型水力來發一些電，賣給少數家戶。1932年吳金淼開始經營寫真舘時，還需要利用自然光輔助，一張照片說明了台灣電力供應的變化。

　　照片左方第二位，穿西裝、打領帶、戴氈帽、拿黑傘、打綁腿，是吳金淼照片中難得看到的造型，希望能給現代服裝設計師帶來靈感。

　　新屋地名的由來，是范姜家族早期在此地蓋了幾棟美輪美奐的「新屋」，目前范姜家族所建的宗祠已成為三級古蹟，被妥善保護著。

　　范姜萍先生在1929年楊梅新火車站設站後，搬遷到車站附近居住，范姜家族與其後裔在楊梅的政壇上一直保有相當的影響力。

⑭楊梅防衛團防空演習

放煙霧的防空演習。
（1938年，吳金森攝）

吳金榮口述：這是楊梅庄楊梅團的防空演習，在楊梅的第二渡橋，頭渡與第二渡橋離街路沒多遠。訓練的方式是在橋下放煙霧，用這樣的形式來訓練空襲時要怎樣才不會慌亂。

前楊梅鎮長傅標榮指出：「這張照片應該是下游往上拍的，他們（日軍）每次演習都在二渡橋那裡，較方便。今天大華街往新竹方向，經過錫福宮旁邊，斜坡下去那條橋就是頭渡橋，至今還維持原貌。吳金榮口中的二渡橋從前有縱貫公路經過，兩橋相距50多公尺。」

1937年中日戰爭開打，戰情立即影響到台灣，除了舉行各種軍事演習，也開始構築許多防禦設施。我的小舅鄭錦生小時候在高山頂還看過當時的情形：「工兵部隊主要任務是構築防禦工事，如建砲台、挖壕溝、修建機場與馬路，在現在楊梅高中附近的紅崩崗曾挖了一個既深且長的山洞，山洞內藏了不少的兵器、砲彈，同時也是指揮部的辦公室，蓋完後管制森嚴，一般百姓不能靠近。」鄭錦生提到的山洞地點在楊梅高中旁的紅崩崗，這個位置在梅高正門前左下坡坎處。

05 慰安舞蹈會的特別座

吳金榮口述：日本時代昭和13年（1938），被調去當軍夫於出征前的軍人慰問音樂晚會。這場（欄杆）裡面就是出征家屬，周圍是一般的觀眾，樓上還有一些人。楊梅公學校的日本校長（坂本萬吉）也出席（左邊欄杆外穿和服戴眼鏡者），台灣人稱他「番鴨公」，偏名。這地方就是楊梅座（楊梅戲院），在十幾年前就拆掉了，楊梅座在日本時代相當出色。

1938年太平洋戰爭還沒有爆發，日本正得意於中國戰區，無奈戰區幅員廣闊，急需人力，因此在台灣實施的「國家總動員法」就針對此需求而來。

其實「軍夫」在日本軍部的規範中，只有軍人和軍屬的差別。換句話說，「軍屬」是以非正規軍人的身分受僱於軍方，再細分為「文官」、「雇員」、「傭人」三種階級，專門處理軍中的大小勤務事宜；「軍夫」則是完全被排除於正規的軍方體系之外，被分配的任務則是運輸戰場的糧食、彈藥等戰備物資。」（吳亮衡，2021）

位階最低的軍夫被排除在正規軍體系外，意味著他們不需要面臨槍林彈雨。

⑥慰安舞蹈會的空軍舞

由劉天龍率領老坑青年演出的日本空軍舞。（1938年，吳金淼攝）

吳金榮口述：這張是上一張慰問出征家屬所看到的舞台場面。這三位女生跳的是空軍舞，像是在開飛機一樣。後面背景是富士山，山前有三個像是飛機。這班人是屬於老坑（永寧里）講習所，由最出色的一班人馬來演出的，女生比較多。

「山前有三個像是飛機」，好在有吳金榮的解說，不然我還真的沒有注意到。再細看不只三架飛機，其實山前有四架，連富士山右側都還有一架，共五架飛機，象徵著日本強大的機群。簡單的舞台背景，帶出了特殊的日本風情與征服亞洲的野心。軍國主義的政府非常喜歡用戲劇、舞蹈、電影、圖畫等來宣揚自己的國威，一個有效卻讓人不知不覺激起民族意識，聽令於領導者。在《台灣攝影家 吳金淼》一書中提到：「還有在零式飛機下，飛行員舞蹈進行中……，讓人聯想起充滿死亡意象的神風特攻隊。雖然不知吳金淼是否真有此意圖……。」（陳淑華 p.108）在初次看到此照片時，我也有同感。經過查證，神風特攻隊成立於1944年，因此1938年吳金淼在拍攝此照片時，我確定他並無「讓人聯想起充滿死亡意象的神風特攻隊」之意圖，他應該只專注於將「照片拍好」，所以拍攝時都有打上閃光粉。

⑦慰安舞蹈會的表演者

　吳金榮口述：這是演出前幕後的拍照留念，表演節目完全是老坑（永寧里）的國語講習所排出的，裡面包含：劉天龍、王玉泉等，這些都是有音樂天才的人。他們也可能是講習所的老師，這些人能教國語（日語），能教音樂。劉天龍本身是個音樂天才，在跳舞方面也是，他那年（1938）後也去當志願軍夫，還沒光復以前有回來楊梅，之後病死了。

　　細看樂隊的樂器，大小鼓、黑簧管、中號與小號、鈴鼓等，顯現這個樂團規模不小，難怪吳金榮會說「劉天龍本身是個音樂天才」，在往後的照片中也有許多劉天龍與吳金淼合作的演出，照片背後的解讀或許可以寫成一篇〈日本時代楊梅地區的藝文表現之研究〉論文，可惜當事者皆過世，時空背景已不允許。

　　連續幾張照片：1937年日本徵用「志願軍夫」，1938年4月徵用「農業義勇軍」，接著1938年8月直接用「出征軍人軍夫」，名稱的改變也間接印證戰情的變化。不過當時徵用的台灣青年人數並不多。隨著戰爭的變化，加強意識形態的影響，連策劃表演內容的劉天龍（前排右二）都去當「志願軍夫」，沒戰死沙場，卻歿於疾病，真是天妒英才。

⓬ 達文從軍紀念

達文來喝杯餞別酒吧！
（1938年，吳金森攝）

吳金榮口述：這個人名字叫陳達文被召為軍夫，出征的當天，家人為他送別。桌上擺的日本酒，稱為「餞別酒」。背後的旗子是直的，旗子上白色部分寫上黑字，這是日本時代的習俗。日本時代從軍不是自願的，是被點召到的，那時候強拉軍夫喔，庄役場專門有人負責點召徵軍夫。其中有一個姓葉的，在街路上看到年輕人走在路上，「怎麼沒有點到啊？」起了懷疑心，就會查那個年輕人住在哪裡，那時沒有一個年輕人沒有被點召到的。你問我「有被點召到過嗎」？我有被他點到，剛好戰爭結束前兩年，我二十歲適齡，適齡的意思是適合被征兵。但是身體檢查好幾次都不合格，就被退掉，所以我沒做過日本兵。

　　吳金榮的敘述中「那時候強拉軍夫喔」，這是在1941年之後的情形，時間上有誤差。「我有被他點到，剛好戰爭結束前兩年，我二十歲適齡」，吳金榮遇到姓葉的是在1943年，這個姓葉的，楊梅老一輩的人家都認得──前桃園代理縣長葉國光的父親。1938年當時太平洋戰爭尚未發生，倒是1937年7月7日發生了蘆溝橋事變（七七事變），這個戰爭很快地影響到台灣，日本政府立即將台灣總督改派海軍的大將，取代了原來的文官總督，其目的是要在台灣展開「戰時體制政策」。

⑨ 橫山直行君出征紀念

日本籍的警察上戰場前合影。
（1938年，吳金淼攝）

　　當中日戰爭越趨劇烈，日軍兵源不足，就把腦筋動到台灣上頭，首先被徵召參加戰鬥的是日籍警察。照片裡被徵召的「橫山直行」是中間帶著眼鏡的那位日本警官，拍攝地點在楊梅分駐所側邊。此區為日本警官與老師宿舍區，照片中的兩位婦女應為日籍，某位警官的眷屬。作家吳濁流在《台灣連翹》中這樣敘述：「就以新竹郡下的新埔及關西兩地來說，有四個警官被動員。因此，戰爭的激烈嚴酷出現在眼前了，皇民奉公會或愛國婦人會的會員們，為了縫製『千人針』，站在街道上，向路過的婦女，要求她們親自一針一針的縫製，送給出征者作為護身符。當他們出發那天，開了盛大的送別會，祈禱『武運長久』。」（吳濁流，p.94）根據《台灣連翹》裡提供的資料：關西出征的這四個人當中，有兩個戰死，一個重傷。

⑩ 楊梅的愛國婦人會

製作皇軍慰問袋的婦女。
（1938年，吳金淼攝）

　　陳德馨在《拍攝「體面」的客家人：以桃園楊梅「金淼照相舘」為主的討論》一文中提到：「吳明珠（坐著左三）在皇民化運動期間，成為楊梅庄愛國婦人會的一員。……最重要的是吳金淼所代表的吳家，在楊梅庄擁有相當高的社會地位，他所開設的寫真舘更是文明開化的象徵，或許這些事業上的成功，讓吳明珠得以進入那群上流階層婦女才能參加的團體。從吳金淼留存的檔案看來，吳明珠幾乎參與了愛國婦人會的所有活動，除了縫製慰問袋之外，她還是女子救護隊的一員。」（陳德馨，p.8-10）

　　對於陳德馨提到「吳明珠能夠參加愛國婦人會，是因哥哥吳金淼的社會地位與本人的文明開化」，這個理由我個人有點異議。了解楊梅社交生態的人都知道：照片中的這群婦女都是年紀相仿的姊妹淘，也就是楊梅老街的左右鄰居，平時就玩在一起，家裡也都是做小生意的，閒暇時間較多。楊梅老街短短的200多公尺，大家都各做各的生意，社會地位無分高下，除非像黃阿葉、張福醮等少數幾位，較積極參與政治者，才有較高的社會地位。因此這些小女生參加公辦的各種「會」，動機蠻單純的——朋友相聚聊天又可做公益，何樂而不為。

　　中日戰爭的開打，讓日本政府意識到台灣殖民地的子民一定要徹底的改造，改造至與日本內地有共同的思想與文化，於是進行了「皇民化運動」。

　　這個運動分成兩階段進行：第一階段是1936年底到1940年的「國民精神總動員」，重點在於「確立對時局的認識，強化國民意識」。

　　第二階段是1941年到1945年的「皇民奉公運動時期」，此時正是太平洋戰爭開打，開始消耗大量資源，日本政府只好透過為國家奉公的皇民化政策，來彌補人力的短缺。

　　本章照片從神社的鎮座祭開始，鎮座祭主要是慶祝神社落成而舉辦，於是動員區域內的人們使出本事策劃一些表演活動來增添熱鬧。這些鎮座祭照片中的演出內容與化妝都是由吳金淼設計的，相當具有可看性。

　　在皇民化的政策之下，神社參拜也是重要的思想工作，企圖將台灣青年完全改造成為日本皇民，日人對此行動的重視，可藉由年輕人組成的楊梅防衛團到新竹神社參拜，還要請吳金淼扛著大相機去拍照留念，可見其重視之程度。

　　皇民化改造台灣人民的思想，除了防衛團之外，也進行各種訓練，以及推行「改日本姓氏」和使用日語的「國語家庭」，在在都造成不小的影響，我常想：假設目前台灣還是由日本人統治，現在的我或今日的台灣不知道會是什麼樣子？

⓿⓵ 假裝行列紀念

參加神社鎮座祭化妝表演的
楊梅團團員在演出後大合
照。（1939年・吳金淼攝）

吳金榮口述：這是在新竹州中壢郡楊梅庄，昭和14年（1939）中壢神社舉辦了神社落成後的鎮座祭，中壢郡所有單位都要派一隊去參加化妝表演，這隊是以楊梅庄役場的職員為主，其中也有一些地方人士和年輕人以及音樂班參加。

為何我哥會和永寧里（老坑）那班樂隊合作？為何會考慮參加中壢神社鎮座祭？化妝了一群南洋黑人？當時是我哥考案*後決定的，每位都要他們全身塗黑墨，金淼哥也有幫他們化妝，化妝成黑女人，表演草裙舞。

演出前全都要自己用黑墨去塗，還要用火油再塗一層，這樣才會亮。當時弄成這樣，大家對我哥多少有不滿，為何非要演黑人不可呢？他們認為我哥也要照樣塗黑才公平。事實上我哥要替這麼多人化妝，要花好多時間啊，所以沒有參加，當時傳出的怨言說：「害他們塗到黑黑的，演出後身體要洗乾淨實在是大勞苦，油油的洗不乾淨。」但是到中壢演出時真的很出色，楊梅團很出風頭啊！

　　照片中顯現了吳金淼的藝術天分與創作能力，這種創作能量來到今日一定不得了，難怪當時的人會說：「楊梅團真的很出風頭啊！」

*客語，指收集資料考慮後才決定的。

⓿②假裝行列表演

中壢神社鎮座祭楊梅団假裝行列記念

吳金榮口述：這就是楊梅團在神社面前廣場表演的草裙舞，看的觀眾很多，當時演出的是「南洋黑人的草裙舞」。這張相片是我哥所拍的，他如果參加表演就沒辦法拍啊。當時的中壢神社位在中壢往新屋方向的小山頭上，現在的中壢高中那裡，光復後到現在就沒有了，廢光光了。

　　吳金榮說「南洋黑人的草裙舞」是有考案過的，雖然吳金榮沒有說明從何「考案」，但這種黑人造型應該是吳金淼想像的，雖不真實，但頗具美感，不僅全身塗黑、臉畫圖騰、身穿草裙，還在胸前掛上錐型胸罩的前衛造型。吳金淼在拍攝右下方這張照片時相當用心，被拍攝者姿勢的安排與構圖都極為生動自然。中壢神社雖被廢了，相距十幾公里外的桃園神社目前還完整保留，若要了解日本時代台灣的神社文化，走一趟桃園神社，保證收穫滿滿。

⓪③ 皇民化奉公訓練

皇民們，戰爭準備開打了，
大家來參加奉公訓練吧！
（1940年，吳金森攝）

昭和12年（1937）中日戰爭開打，日本政府為了備戰的動員需求，而積極推行「皇民化」，對殖民地區進行一系列的同化運動。照片中所標明的「第三種訓練」為何？目前無法確認。但是參加的成員幾乎都是年輕女性，我想應該是有關醫療護理方面的訓練。

昭和16年（1941）9月7日日本偷襲珍珠港，掀起了太平洋戰爭，這張拍攝於前一年11月10日的照片背景，日本正處於雄心勃勃，計畫建立大東亞共榮圈的鴻圖夢想中，於是加強奉公訓練，可能有儲備未來幹部的想法吧！

拍攝的地點為楊梅公學校，家母當時在此校念五年級，因奉公訓練是十二歲以上六年級的學生參加，所以她躲過一劫，比她大兩歲的阿姨就被找去奉公，做得要死要活。

⑭ 新竹神社參拜紀念

吳金榮口述：還沒戰爭前楊梅就有組這個防衛團，是屬於庄役場管的。這班人馬如果現在（1995）還在的話也有八九十歲了。那個時候楊梅庄還是屬於新竹州，所以有一個時節，防衛團整班人會到新竹神社去參拜，這是當時所留下來的紀念合影。

防衛團是什麼目的呢？有發生戰爭，例如敵機空襲投炸彈的時候，男人要救火，每項都有訓練，沒有一個人是閒著的。那時年輕人要參加青年訓練團，較年長的不是進防衛團就是參加壯丁團。這三個團要怎麼分呢？一壯丁團屬於分室巡查管，巡查也就是警官。二防衛團屬於楊梅庄役場管的。三青年團屬於學校，國民學校管的。青年在學校畢業後，還沒有工作時，通通屬於青年團，男女一樣都有訓練義務，沒有閒著的。日本時代也有很多奉公，通通都徵調人民百姓，年紀大一點的也要徵調。有時一次奉公就好幾個月，要輪班。

我以前有去過新竹神社，那要怎麼拜呢？當時是沒有點香的，去那個神社要上階

梯，靠近神社裡面，上面有一條大麻繩，掛著兩個大鈴鐺。拜時要先搖那個鈴鐺，然後雙手合掌一邊往下一點，拍兩下手掌再放平，這就是誠心誠意拜神社的方式。日本時代很少放錢箱要人丟錢。

另一張是楊梅防衛團女生防護隊，防護隊是救護隊，女生的防護隊一樣也是到新竹神社去參拜。那個時候救護隊要做什麼事呢？就是有受傷的人，她們要救護。後面那個穿白衣的可能是神社的管理員，不是和尚。

　　日治時期位於新竹市的神社，設立於1918年，設立此神社是為了紀念北白川宮能久親王曾經宿營於此地，此後每年10月28日台灣神社祭當日，官民都會到神社參拜與舉行祭典，這是1940年神社祭之後的留影。

　　新竹神社目前雖已不完整，但是殘存部分已被列為市定古蹟。比起桃園神社，新竹神社為台灣第二完整的日本神社。

　　國民政府治台之後，許多人基於仇日心態吧，將許多日本時代的建築摧毀，楊梅龜山頂的遙拜所在第一時間就被毀掉了，因此我只看過被拆除後的「遺跡」。

　　我個人是覺得不需要這麼做，就以保留最完整的桃園神社來說，我前往參訪時，只花兩個小時的時間，就能對日本的神社文化有著深入的了解與體驗。台灣人很喜歡赴日旅遊，參觀神社是重要的行程之一，其目的也是了解與體驗日本的神社文化。

　　日前桃園神社專程從日本迎來天照大神，因為意識型態的原因，有人提出異議，桃園市長就「從善如流」將天照大神「請」回家，唉！本想找時間到桃園神社，依照吳金榮的說明，來拜一下這遠道而來的「大神」，來不及了。

　　前幾年到上海看現代藝術雙年展，也想順道參訪幾座老廟。來到上海城隍廟，花了五十元人民幣買了門票，帶著體驗七百年前老建築的心情，但是一看到廟身我就知道錢是白花了，老廟早在文革期間被毀了，這座是後來才重建的新廟，帶著仇恨拆除歷史建物是多麼的無知啊！

⑤ 國語之家

國語之家，門楣右邊上掛著兩個牌子：古屋吉英、新竹州認定國語之家。（1940年，吳金淼攝）

　　「國語之家」認定方法是採申請制，通過申請者即成為國語家庭，可獲得證書、獎章及刻有「國語之家」字樣的門牌。除了不能講台灣話，也要放棄原有祭拜的祖先與神佛，甚至皇民化運動較劇烈的時候，每家每戶都要祭拜「天照大神」。「國語之家」在當時不僅只是口頭讚賞，也會給予一些實質的優惠。

　　家母出生於1929年，進入楊梅公學校時，正趕上日本政府進行「皇民化運動」。她在學校成績非常優秀，畢業時就去報考新竹女中，但是沒考上，她認為主要原因為家裡不是「國語之家」——另外一位同學在校成績比她差，但屬於「國語之家」所以考上了。我的外祖母因為沒念書，所以日本話一竅不通，因此外婆家無法成為「國語之家」，唉！母親的「新竹女中之夢」也就因而破碎了。

　　比母親高一屆的黃秀英老師也曾經發出相同的感嘆，後來兩人都是選擇中壢家政女學校繼續升學。

⓪⑥ 養馬人家

楊新路上的騎士。（1941年，吳金淼攝）

吳金榮口述：這個人是水尾姓曾的，那個時候私人可以養馬，自家享受。你看馬鞍等坐墊一切都完整。這裡可能是楊新路謝家的面前。

　　有關楊梅人騎馬的照片，吳金淼拍了不下二十張，我家四伯也曾經有過類似的騎馬照，但是我們彭家並無養馬的紀錄。當時養馬的理由除了吳金榮提到的「自家享受」之外，主要與當時的國家政策有關。記憶中，曾聽家裡長輩提過：某某人家曾被日本政府分配要幫忙養「軍馬」。水尾曾家務農，有可能被分配幫政府養軍馬，因此曾家人特別盛裝，騎到楊新路上請吳金淼拍照留念。

　　拍照地點在楊新路，是楊梅新街的延伸，新街到火車站之後左轉，往新屋方向稱為楊新路，兩側至今都還保留有數間日本時代的亭街建築。照片上的店街沒在做生意，這是商街擴張時的過渡現象，我家在1960年代就曾在楊新路附近的大模街擁有過類似的建築。

⑦ 仕紳・鍾勤桂

鍾勤桂先生與他們家的皇民化神龕。（約1941年，吳金淼攝）

吳金榮口述：鍾勤桂住在我家附近，這是他家日本時代的公廳，正中是日本式神龕，本來我們漢人公廳的阿公婆牌絕對要放在正中央，但是因為皇民化運動，阿公婆牌就要移到旁邊，正中間改放日本神座。神座是用木材做的，神龕還要放神杯，木材做的神龕和神社的模樣差不多，裡面放的日本神叫做天照大神，拜的形式也是雙手合掌，還要一隻手下縮一半，拍兩下掌，再移掌後合掌，每日都要拜天照大神，當然小神杯內的水經常都要更換。

這是鍾勤桂家的公廳，皇民化運動改過後的樣子，他的阿公婆牌（後方左側）已經沒有燒香。神龕底下當時已沒拜龍神了，前面還擺八仙桌，是漢人的桌子。不但神龕是日本式的，對聯也是日本對聯，神龕後面的圖也是日本式的。神位旁的裝飾品，放在那裡好看的啦！

前楊梅鎮長傅標榮曾說：「皇民化運動時不能拜我們（台灣）的神，比如不能拜阿公婆牌，於是我們想辦法做一個神牌，一面是阿公婆牌，另一面是天照大神。早晨拜阿公婆，拜好了，燒香燒好了，就轉到天照大神那一面，他們日本人有看到天照大神就可以了。」

這張照片非常有意思。在我多年拍攝節目的過程中，發覺許多家族公廳的祭祀空間，存在著許多「同與異」，也就是說各地的公廳祭祀空間並不完全一致。祭祀空間的變化會受到許多影響，如：族群關係、政治環境、居住空間等。

我印象最深刻的是拍攝桃園龍潭區銅鑼圈十股寮蕭家的經驗：蕭家是凱達格蘭平埔族霄裡社的後裔，我們也做足了功課前往，但是提到族群屬性，蕭家宗長立即變臉，認為我們暗指他是「番」，為了證明家族不是「番」，拉著我們看祖先神位，客家式的阿公婆牌，雖然與我們彭家的樣式沒有太大的差異，但是神牌上的堂號為「臺灣堂」，這是平埔族在漢化過程中留下來的「族群密碼」之一，這種情形在竹塹社平埔族也是相同。竹塹社的三姓*家族、衛姓家族，甚至在竹北新社的采田福地，竹塹社七姓*人家的共同公廳，神位上都寫著「臺灣堂」。

吳金榮說：「他的阿公婆牌（後方左側）已經沒燒香了。」應該是吳金榮誤判了，照片上的阿公婆牌前方的香爐上還留有一大把香骨，表示他們家晨昏都還有拜阿公婆的習俗。只是不像傅標榮家，祭拜時前後翻轉一下。

「神龕底下當時已沒拜龍神了」，這點倒是相當奇特。客家正廳神龕的正下方都會設有龍神神位，除了要安定：金、木、水、火、土五方的土地龍神，更有祈求子孫繁衍昌盛之意。鍾家沒有祭拜龍神，是因為家神牌已經被遷移到畫面左側的白虎邊，此處不宜安龍神，正中間的神位又是日本神，日式神龕底下安龍神，確實不妥。被文化霸凌！當皇民不簡單啊！

*「三」姓是台灣竹塹社持有的漢姓。
*「七姓」指的是潘、衛、三、錢、廖、金、黎七個乾隆帝御賜的漢姓。

⑧ 仕紳‧范姜萍、劉阿圳

范姜萍（左）與劉阿圳（右）合影。（1941
年，吳金淼攝）

吳金榮口述：穿日本衫那個就是國民黨來台楊梅第一屆代理庄長范姜萍先生，當
時民國34年（1945）光復典禮，在楊梅座讀國父遺囑的代表就是他，主持第一屆
的光復節典禮。他的旁邊這位就是劉阿圳，以前有做過桃園縣議員，也做過議
長。這是他們在日本時代所拍的，劉阿圳是文人，也是有錢人，當時稱楊梅庄的
有錢人叫作「有志者」。他們利用年節到外面拍照，後面是相思樹。

　　劉阿圳出生於新竹縣橫山鄉，成年後來楊梅發展，工作努力又善於經營，累
積了龐大的財產，之後又於楊梅車站前建了一排樓屋商店，部分自營部分出租。雖
然富有，但是不吝嗇，捐錢建校與造橋鋪路都不落人後，楊梅溪橋就是他獨資捐贈
的。范姜萍原籍新屋，為楊梅第一任官派的鎮長，其後1946年當選大新竹縣候補
參議員，隨後與地方仕紳共組桃園客運公司，其媳婦范姜賴阿娣也是楊梅鎮上的聞
人。（黃坤瀛a，p.286）

⑨ 教書人・陳庚土

陳庚土身穿文官燕尾服，於自家客廳內拍照。
（1941年，吳金淼攝）

吳金榮口述： 陳庚土先生是當時的教書人，屬於文官。當時的教書人要穿燕尾服，進行儀式時除了穿燕尾服還要掛勳章。文官叫做八德，要戴手套，穿皮鞋，戴的帽子叫作氈帽，是當時文官標準儀式的服裝。照片中拍攝的地方是他自己的家，有台灣式的竹製交椅。日本人是用榻榻米，我們漢民族是地上放椅子。陳家在現在市場旁邊，那一列街現在蓋好幾層樓了。

　　1919年4月1日總督府頒布〈臺灣總督府師範學校官制〉，原本的國語學校改制為師範學校。從設立國語學校開始，這個學校就承擔了師資培育的重責大任，養成大量的台籍與日籍之初等教育的教師。

　　吳濁流於《無花果》書中敘述：「不久放榜了，從新埔去考師範部的二十四人中，考上的只有我一個人。國語部的也只有一個人，那年，關西、六家、湖口地方，都沒有考上師範部的，四街庄合起來只有我一個人。」（吳濁流b，p.59）

⑩ 皇靈祭 · 廖善機與家人

春季皇靈祭中一個皇民化的家族合影。（1940年，吳金淼攝）

　　皇靈祭是日本人在春秋兩季舉行同樣的儀式，有點類似我們的春秋祭祖，於3月的春分日、9月的秋分日舉辦，是在對列祖列宗表示感恩，尤其要對「天皇」崇拜，它也是日本的國定假日之一。日本治台時期的「國定假日」，稱為「祝祭日」，它的意義不只是放假，祝祭日當天要懸掛國旗、到神社參拜。

　　日本政府是企圖透過祭祀的儀式，表達對祖先甚至天皇的尊敬，形成以天皇為中心的天皇制國家認同。

　　我們來聊聊照片中透露出的訊息：廖家的經濟狀況還不錯，有養蘭的嗜好，這種人家在拍照時一定會擺上一兩盆陪襯。吳金淼的許多照片都出現類似的情形，這也是當代的時尚。再細看，每個人的穿著也很講究，在皇靈祭的日子如此慎重地請來攝影師拍照卻沒有女性家屬出現，倒是有點奇怪。正門兩側開窗以及右邊出現一根圓形木柱的三合院建築，是1930年左右逐漸出現的建築式樣，為日本時代文化的融合與蛻變所產生的另一種新形式樣貌。

⑪南支進出者養成講習會

一次困難且成功的大合照，昭和16年3月26日於台北公會堂。（1941年，吳金淼攝）

吳金榮口述：這張照片是早期在台灣總督府做通譯的「南支方面」養成講習會，這個講習班是台北總督府主辦的，地點是以前的公會堂（今中山堂）。當時這一班有兩個楊梅人，一個是做通譯的鍾德安，另外一個叫鍾阿才。

每次這個訓練班照的相都沒有很理想，這兩個楊梅人就介紹金淼哥去拍照。這麼多年拍了那麼多次，這一次是我哥哥拍得最成功的一次，拍照的當時是在晚上，那時候是用12吋的大機器拍，當時沒有閃光燈，是用閃光粉，小朋友玩的打火子，閃光粉放在閃盤，看場地多大多寬就放多少的閃光粉，打下去就知道量夠不夠；放太多，玻璃窗會被震破掉，所以威力還滿大的。

從吳金榮的解說「這一次是我哥哥拍得最成功的一次」，再對照相片，真的是如此。不但閃光粉的使用量剛好，而且放閃光粉的閃光盤置於相機右側的位置，創造了相片側光的立體感，也留下了台北中山堂舞台的原貌。日本政府為了因應中日戰爭逐漸擴展到中國南方各地，於1940年2月9日依序成立各戰區的「南支那方面軍」，這些在台灣各地召募前來參與講習的，都是會日語、福佬語、客家話的年輕人，他們即將到中國廣東、福建一帶當翻譯。

第八章

太平洋戰爭

1941年12月7日，日軍偷襲珍珠港，引起太平洋戰爭爆發，楊梅人也無可倖免的捲入戰爭。隨著戰事告急，傷亡增加，這個階段的照片，展現出與以往完全不同的風格，從在台日本軍官的意氣風發，到被徵調前往南洋戰場楊梅子民臉上露出的無奈，就是對戰爭最深刻的描述。

這段時間的實景，楊梅還有不少人曾親眼目睹，對當時還有清晰記憶的這群人，目前都年近九十高齡，處於快速凋零的年紀。

楊梅因為控制新竹與北部地區往來要地，地理位置重要，自清朝就有駐軍設點駐守，因此留下隘口寮、營盤、武營等老地名。太平洋戰爭發生後，日方立即派軍駐守楊梅，主要營地在今楊梅高山頂的陸軍營區，另外也有小型部隊駐守各交通要地，因此拍照地點出現：燕子窩、頭重溪等地方。令人最不忍心看的照片，則是拿著日本國旗上面簽滿家人祝福的照片，呈現了生離死別的氛圍。

慶祝新嘉（加）坡陷落、收音機體操、學生奉公、人員徵集、警防團、女子救護隊，雖然拍攝地點都在楊梅，卻可代表整個台灣在太平洋戰爭時所面臨的狀況。

⓵庄長宿舍前的日軍

吳金榮口述：昭和16年（1941），光復前四年，日本要加強台灣戰力，就將滿州
最強的武部隊調到台灣，部隊的幹部住在楊梅庄，所以楊梅有駐紮過武部隊。
相片中是在吉田庄長的宿舍前，左二這位就是吉田庄長。庄長是日本人，職員有
日本人也有本地人，當時還是稱為庄。戰爭當時我二十歲，有看過庄長。前面中
間是武部隊中最高級的軍官竹田少將，後面站著的是本地人，可能也是在庄役場
工作，這場面我們看到武官非常威嚴。

　　1941年楊梅庄剛升格為楊梅街，但老人家還是習慣稱為「庄」。辦公廳為街役
場，即設在今大成路與光華街交會處楊梅圖書館現址，街長宿舍就設在街役場旁。
左方的牆壁以稻稈遮蔽，顯示老街建築還是以泥磚為材料。

　　1934年出生於楊梅高山頂的鄭錦生說：「1941年太平洋戰爭開打，在戰爭激
烈的時期，日本軍為了保衛本土（日本），打算死守琉球和台灣，立即將滿州武
部隊部分調來台灣，當時移防到台灣的有一隊叫做TAKE武部隊，是出名的英勇善
戰，其部隊本部就位在楊梅，工兵連則駐紮在高山頂土地公廟旁。」

⓪② 燕子窩的日軍

日軍軍官於楊梅燕子窩合影留念。（1943年，
吳金淼攝）

吳金榮口述：這也是武部隊的軍官在燕子窩拍的，老坑旁有一條路通往燕子窩，
洽口＊處那個地方可能有幾棵椰子樹，這些武官姿勢擺得很好看。

　　老坑口有條岔路，岔路靠左往龍潭銅鑼圈，岔路往右則往新埔涼傘頂，涼傘
頂曾經是抗日戰爭的古戰場。以照片取景的角度，後方的三棵棕櫚科樹木是重要配
角，專程到此拍攝，足以說明來自溫帶的日軍很難得看到亞熱帶的植物，感到非常
好奇而拍照留念，因此「這些武官姿勢擺得很好看」，吳金淼也貼心地將三棵棕櫚
樹完整入境。

　　燕子窩自古以來就是重要的軍事要地，從清朝乾隆到道光年間，此地為漢人、
霄裡社人、竹塹社人的發展勢力交會地，除了甲午戰爭之後燕子窩不遠處的涼傘頂
抗日之役，此處也曾是國軍重要的油庫，距離窩口不遠處的大平山軍用雷達站，更
是可望不可及的地方。　　　　　　　　　　　　　　　　　　＊客語，指交會處。

⓪³ 香蕉樹與軍官

日軍指揮官竹田少校,攝於楊梅頭重溪。
(1943年,吳金森攝)

吳金榮口述:這是滿州調過來的武部隊長,背景是香蕉樹。當時日本人吃得到香蕉但是不曾看過香蕉樹,他來到台灣看到香蕉吊在樹上,覺得很親切,於是想在香蕉樹下拍一張紀念相片。這個地方在頭重溪,香蕉樹下拍照的部隊長是從東北調來的竹田少將,當時照相館較少,且很多日本兵認識我哥,他日本話也通,所以就專門找我哥去拍照。

依據他的肩章判斷,這位日本軍官應該只是少校軍階。這張照片與前一張有異曲同工處,應該是同一天拍攝的,這位竹田軍官也出現在上一張照片中(p.138後排右三)。從滿州調到台灣的部隊共有十八萬三千人,是要派遣到南洋的戰場,從他們的服裝來判定,當時是冬季,而「珍珠港事件」發生於1941年12月7日,太平洋戰爭正式開打,當時日軍的首要目標是馬尼拉,1942年1月2日日軍攻陷馬尼拉,可以斷定照片中「滿州調過來的武部隊」一定有參與此次軍事行動,但是無法斷定這些日本軍人有幾位能在戰爭中存活下來。

Ⓞ④ 台籍軍人留影

楊梅即將赴太平洋戰場的青年，姓名不詳。（約1943年，吳金淼攝）

　　1943年實施海軍志願兵制度，到該年的7月為止台灣被「志願」的男子就超過了三十一萬六千人。當然戰爭的恐怖壟罩著每個人，被徵召者無可逃避的選擇面對，家人則從被通知徵召那天開始，心中的罣礙、不捨，立即佔滿心房，但也無計可施，唯一能做的——找來攝影師為即將出征的壯士與家人留下合影的照片。

　　在眾多吳金淼拍攝的日軍照片中，吳金榮雖做了他個人所了解範圍內的詮釋，但是也只侷限在畫面的人物，較少觸及到他們的內心深處，畢竟戰爭會帶給人們極大的痛苦，而人們面對戰爭的感受又如何？這倒是值得進行更深入的探索。

　　我就從以上兩張軍人獨照，從個人的感受到家族受到的影響開始談起：左邊的照片，光著身子戴著軍盔，抱著刺刀，面露凶光瞪著鏡頭，彷彿希望立即投入戰場為天皇效命；右邊這張，戴著圓框眼鏡，頗有書生氣息，破舊的帽遮以及邋遢的鬍鬚，望著遠方茫然的眼神，好像有點無助。

　　皇民化的推動始於1937年的「中日戰爭」，台灣逐漸受到戰爭的影響，但是台

灣人民勉強還能忍受，到了1941年12月7日本不宣而戰的太平洋戰爭爆發了，而且很快的席捲了東南亞大部分地區，於是台灣立即成為重要的軍事基地。

隨著戰爭吃緊，先是在台日人，緊接著徵調原住民組成「高砂義勇隊」投入南洋的戰爭。1942年4月戰爭更加緊迫，總督府公布了「陸軍特別志願兵」的徵調，名為志願，實質為強迫台灣青年參軍，於是這時有大量的台灣人被送到南洋當軍夫。

1944年我的五伯二十三歲，族譜內記載：「……因大東亞戰爭 受日本軍徵用陸軍軍屬出發去南洋作戰（1944） 途中 同年 3月24日 在南洋海域 民達那峨島近海 在船中受米國（美國）之潛水鑑 發射之魚雷 命中該船 大破 轟沉 戰死致命……。」

我的弟弟曾經聽到一位友人父親敘述：「我們楊梅這群人，上船後就聚在一起，突然一聲爆炸，運兵的船慢慢沉沒，我比較幸運，抓到一塊浮木，我就眼睜睜的看著你的五伯掙扎著往下沉。」

母親也知道這件事，她說：「太平洋戰爭前期，一群家裡較有錢的男生為了怕被徵兵就一起到日本內地去讀書。你姨丈因為家裡有錢，也到日本。五伯就是因為年齡到了跑不掉，也被徵兵。當時你阿婆（祖母）去找在鎮公所上班負責調兵的，祖母自己葉家人——葉國光的爸爸，送閹雞過去拜託他不要調兵（五伯），他拿了雞卻不肯幫忙，你阿婆非常生氣，加上五伯後來戰死，她難過得生病，三年後（1947），六十一歲就過世，你爸當時還在念桃園農校，因為是屘子，母親特別疼惜，剛過世那一段時間，放學回到家，就一個人跑到屋背去哭。」

五伯母因為失去了丈夫，以及膝下無子，戰爭結束後就選擇改嫁。

⑤ 鹽商慶祝新嘉坡陷落

日本佔領了新加坡，來自鹽舘的遊行祝福。（1942年，吳金淼攝）

祝新嘉坡陷落行列記念
17. 2. 18.

吳金榮口述：太平洋戰爭時，新嘉坡*陷落遊行，遊行當時稱為「行列」。拍照這裡稱為老鹽舘，楊梅所有的鹽要經過「竹內」這個日本人。老鹽舘就是日本人大賣（批發）鹽的地方，再分銷到楊梅庄小賣的店。竹內所組成的隊伍都是鹽舘請來賣鹽的人，陳丁盛（站立者左二）現在也不在了。照片為慶祝新嘉坡陷落，請鹽商扮演的陣式。在遊行隊後方的地球表示日本要佔領這世界啊。日本式的戰車上面有人扮演日本兵，戰車下方的人穿的就是當時一般的服裝，裡面也有大鼓與鑼鼓，照相的位置是在楊梅分室前面。

　　前楊梅鎮長傅標榮說明：「分室就是楊梅派出所，鹽舘的情形是店面前有一個鹽倉，賣的都是粗鹽，你要買的話就用耙子耙，再用鏟子撩到袋子，當時買鹽都是一整袋。賣鹽要有牌照，大華街就是鍾春貴、黃健郎有鹽舘，當時有賣鹽的就稱為鹽舘。」吳金榮說「照相的位置是在楊梅分室前面」似乎有些落差，對照多張楊梅老照片後，我認為拍照地點應該是位於現在楊梅第二市場，當時是農產等貨物集散的一塊空地，此處距離分室不遠，拍攝者背對分室，遠方為大華老街的建築。

＊日本時代漢字都寫成新「嘉」坡。新嘉坡陷落意即日本佔領了新加坡。

⑥壯丁團慶祝新嘉坡陷落

慶祝攻陷新嘉坡遊行紀
念，攝於楊梅分室前。
（1942年，吳金淼攝）

吳金榮口述：這是在楊梅分室側邊面前那條路，稱為縱貫道路。以前縱貫道路是
台灣最主要的道路，每次有日軍行軍，都要走這條。這是楊梅分室的壯丁團，也
是參加慶祝新加坡陷落遊行的花車，花車上坐著的都是日本警察化妝的，這些拉
車的都是當時的壯丁團。

　　1941年12月7日，日軍偷襲珍珠港，當時任職記者的吳濁流與妻小正在南京，
他在《無花果》書中寫下那時的心情：「日僑都因為局部的勝利而迷醉，我綜合
各方面的情況，研判的結果得了一個結論。如果這時再不走，一旦敗象露出來，那
時就再也回（台灣）不成了。尤其台灣人是被看成日本人的，戰敗後的報復必定可
怕。……盼望的船終於在兩個月後來了，那也是新嘉坡失陷的第三天。我的一家人
悄悄地搭上了那隻船，昭和17年3月21日平安回抵台灣。」（吳濁流b，p.138）
　　1934年出生於楊梅高山頂的鄭錦生指出：「當時我上小學一年級，日本每佔
領一個地方，如：香港、菲律賓、新加坡等地時，勝利的消息傳來，全台灣就會大
肆慶祝，全校學生都可以分到兩個麵包，做為慶祝勝利的成果。」我曾打電話問鄭
錦生當時麵包的樣子，在他模糊的記憶中為：「在白色麵包的中間點上一個大紅
點。」這不就象徵日本國旗，可藉此宣揚國威，做為慶祝勝利的成果。

⑦ 健民運動・收音機體操

清晨6點楊梅老街大大小小一起做體操。（1943年，吳金淼攝）

吳金榮口述：楊梅庄的街路分作三保，老街屬於第一保，武營街那邊是第二保，新街是第三保。皇民化運動時，每一區每日早上，都要做收音機體操，早晨6點多鐘開始。日本時代所謂的「收音機體操」，就是將收音機喊的體操號令，照日本體操的方式做。畫面裡面看到有保正、巡查，也有地方人士，如尹德財大同醫院的院長、第二保的保正、教書先生等，由廖建華指揮。當時日本政府推行皇民化運動，以人民的健康為目的，所以每個人都要出來做體操。

畫面中是在老街，離我住的地方兩三步腳。帶體操的人廖建華先生，他是七姓公的後裔，人稱為平埔族，當時有人說他是「番」，現在稱為原住民。廖建華先生他的文學水準也高，教書教了好多年，光復後又當農會的總幹事。

七姓公是指竹北新社采田福地竹塹社人，清朝乾隆24年（1759），道卡斯平埔族竹塹社人改漢姓，分為潘、金、錢、廖、衛、三、黎等七個姓氏，我們習慣稱為七姓公。清朝乾隆54年（1789），在土牛溝外設立保留區，這在台灣史上影響很大，尤其是楊梅，竹塹社人的勢力範圍最北到楊梅，與凱達格蘭平埔族霄裡社人的勢力範圍相連接，因此吳金榮指認照片上「帶體操的人廖建華先生，他是七姓公的後裔」，這一點非常重要，為「竹塹社平埔族」在楊梅提供一個非常有利的證據。

08 金森寫真館前的體操

楊梅老街上整齊的體操會。
（1943年，吳金淼攝）

吳金榮口述：這張圖一樣是皇民化運動的收音機體操，在我住的下兩間，以前的金淼寫真館屋面前。這裡看到的是第一保的保正，現在這建築物也沒有了，後邊留下來的樓閣還可以看到一些。當時街路很窄，也是早晨6點鐘，這張就看到比較多大人。

眾人整齊的舉手動作，是吳金淼要求大家配合的。

這兩張健民運動的照片應該是吳金淼故意安排不同方向來拍攝，第一張是朝著伯公山的方向，第二張則以反方向為背景，兩張照片連結起來就還原了楊梅老街（大華街）1940年代的樣貌。

照片左方屋簷下掛著酒、煙草，以及被手擋掉一部分的「塩」等招牌，表示這店家有賣菸、酒與鹽的許可，因此也稱為「鹽館」。

當時的大華街只有6至7公尺寬，石子路面，兩側有公共排水溝。水溝上方的水泥槽是公共垃圾箱，每天清晨有收垃圾的清潔人員拉著木製的清潔車來收走垃圾，倒在郊外空地或河邊，我家前面的楊梅溪畔也曾成為垃圾場，垃圾堆滿後的清場工作就由颱風帶來的大雨負責，記得1965年以前都還是如此。

⑨ 奉公隊「正條密植」耕作

正條密植的插秧成果，攝於燕子窩。（1943年，吳金淼攝）

楊梅搓秧挺身奉公第三隊 18.7.28.

吳金榮口述：這是當時的奉公，什麼叫作奉公？在皇民化運動時，農民在農忙時期沒空種田，就指派這些年輕人去幫忙，也有一般的團體。我以前有進過青年團，也曾被派去，我根本不會種田，去買了插秧用的蒔田管，有銅製的，也有用鐵*做的，大拇指套著，拔起秧苗來插。

被調派去奉公的年輕人，不會種田的就用竹竿一段一段做記號，以竹竿做為基準，當時這樣的插秧方式叫作「正條密植」。用竹竿是為了給予最標準的方式，不會太擠，間距最恰當。

當時這些田可能是在燕子窩口，燕子窩口就是老坑進去右手邊。照片裡看得到後方還有荒埔地，以及一條牛在那裡，再過來就是茶園。這些田是私人的田，皇民化運動時的奉公沒有拿薪水，去幫忙就是了。就像打仗時，青埔（今桃園青埔）設置有臨時飛機場，當時也在楊梅各個地方調派奉公的人，輪流去整修，每戶都要有人參加，很慘，挑石頭，一做就是半個月，不然就是二十天，在那裡住宿，叫作奉公。

*應該是鉛管，鐵管容易生鏽。吳金榮在街上長大沒接觸過，以為那是鐵管，表示他毫無農田經驗。

　　前楊梅鎮長傅標榮曾說過：「有很多婦人家，因為太平洋戰爭後，男人都調去奉公，農村人力不足，所有家庭的婦女小孩都要出來幫忙，奉公當然沒有酬勞，甚至要自備工具與餐食。秧苗要怎麼蒔才會均勻？那就要拉竹竿，一根長竹竿每隔約25公分打一個孔，這些孔再串上一支細竹子，這樣拉著長竹竿在田裡就畫上直線，在後面跟著蒔秧，拉一次插一次，大家跟著插，這樣反而比男人隨便插得整齊。」

　　我小孩時也蒔過田，拿著一塊秧苗，反正一次四五棵秧苗，跟著竹竿劃過的痕跡插下去，也很整齊。

　　為了解「正條密植」，我找到任職於台大磯永吉學會的宗親彭雲明教授，並且提供相關照片給他，他二話不說親自送來一本《米人米事物語》，閱讀之後不但了解「正條密植」，也增長許多有關台灣日治時代的稻米農業與政策。

　　早年在日本農家開始推行時，是以拉繩索來標定插秧的位置，後來發展成梳子狀的「櫛形定規」，這就是所謂的「正條密植器」，插秧時，大家就按著「正條密植器」所標定的位置把秧苗插在正確的位置上，換算當時的行株距大多定在25公分×25公分。1910年代引進台灣的就是這款，在各廳農會的輔導推廣，廣受農家愛用。（謝兆樞，p.300）

楊梅國民學校報國隊在燕子窩口奉公插秧。（1943年，吳金森攝）

正條密植器使用情形。（圖片來自《米人米事物語》）

正條密植器。（圖片來自《米人米事物語》）

⑩ 國校生的奉公插秧

楊梅國民學校生使用正條密植器於插秧現場奉公，攝於燕子窩。（1943年，吳金淼攝）

吳金榮口述：這是楊梅國民學校的報國隊，這看樣子當時也是在奉公耕田。你看田垺這麼闊，利用竹篙來耕作才能「正條密植」，要不然就會隨隨便便種，荒廢田地。

　　奉公年齡從十二三歲開始，因此系列照片中可以發現許多小朋友的身影。有了「正條密植」的概念之後，看著照片上的孩童們，明白了「正條密植器」對他們的幫助有多大。燕子窩是楊梅校前路在老坑口岔路通往新埔那條路上，早期因為此地有許多燕子築巢而名之。「窩」意指山凹裡，雖然「坑」也是指山的凹處，但是「坑」內有小溪流而「窩」則無。所以位於「燕子窩」內的家族，能夠在此生根，對利用「水」的能力應當是相當不錯，此地較有名的家族為黃台生家族。但是照片中的稻田平坦而開闊，因此實際的位置不在燕子窩內，應該是在窩口下方的稻田，也就是廣義的燕子窩。整體來講，楊梅幾個重要家族的開基祖堂，幾乎都是分散在大平山下的各窩口內。這個地區除了楊梅街發展成為鄰近農家的一個買賣地點，有比較多人家聚居之外，附近這一帶全部都是散村，每一個大家族都是分開在附近居住，因此照片上看不到家屋，家屋都建在斜坡稍高的樹林內，隱密又避風。

⑪ 特別志願兵入伍

為志願兵吳勝榮寫滿祝福
的出征祈福旗。（1942
年，吳金淼攝）

　　在吳金淼為楊梅留下眾多出征壯士的合照中，我無法得知有多少位平安歸來？平安歸來也是在拍照當下一旁合照家人的共同心願，於是許多人遵照日本傳統，將當時的「國旗」寫下祝福話語，然後這些壯士將這面「國旗」帶在身邊，甚至他們相信，在槍林彈雨之下，將「國旗」裹在腹部，可以受到庇佑。

　　大約在2000年左右，二戰殘存的美軍，發起將這些從日軍屍體上拿下的日本國旗送回日本，期望送到家人的手中，多少彌補家人們未見遺骨的遺憾。當年在短短的時間內，就收到了八千多面沾滿血跡與寫滿祝福的護身日本國旗。

　　這張照片較特殊的地方是：裡面幾乎都是年齡相仿的年輕人。可以想像：為了送別這位同儕吳勝榮，大夥發起送別會，不但送上「武運長久」的簽名「國旗」，也請吳金淼前來拍照。其他穿著「軍服」前來送行的年輕人，是青年團的成員，雖未上戰場，也不得閒，不停的參加勞役與訓練，為隨時可能被派到戰場預作準備。

⑫ 我的父親與少年工

　　由於太平洋戰爭劇烈，日軍傷亡與戰機折損嚴重，日本政府除了強徵軍夫，也於1943年召集台灣大約十二到十八歲之間的少年，到日本海軍工廠生產軍用飛機。照片裡面就有多位學生接受召喚，與全台其他八千餘位少年，離鄉背井共赴日本，踏上未知的生命之途。知名導演郭亮吟從資料收集、田野訪查與台日兩國間奔波，花了兩年時間，於2006年完成了《綠的海平線》紀錄片，深度報導有關「少年工」的故事。影片中的「少年工」，動作整齊劃一打著鐵鎚，為了生產戰機而努力，有些卻因為飛機製造廠受到空襲而犧牲了，那場空襲，楊梅有兩位少年工罹難。看著影片裡捧著同鄉骨灰盒的孩子，讓人同悲。吳金淼留下的這張照片，也告訴台灣人：那八千多位少年工之中，楊梅人沒缺席。

　　這張昭和18年（1943）所拍的「海軍空C廠入廠記念」照片，是畢業於楊梅國民學校的桃農學生，歡送準備到日本海軍空C廠服務的同學，也就是到日本當「少年工」。要不是看過郭導演《綠的海平線》紀錄片以及這張我的父親（前排右二著深色衣服）也在裡頭的照片，否則我無法感受這張照片對楊梅人的意義。想像一下，如果有機會循著照片中每位人物，釐清他們的生命故事，一部屬於楊梅人的「少年工」歷史也許就可以被整理起來。

⑬ 送老師「海兵團」入團

全班同學來送吉村老師入
伍，攝於楊梅國民學校。
（1944年，吳金淼攝）

　　「海兵團」是指日本海軍所設立的一種基礎教育培訓機構，主要目的是為艦艇和海軍提供補充兵員，以及對現役海軍士官和新兵進行培訓。為了讓新進人員習慣軍旅生活，以及熟悉在狹窄的軍艦內操縱各種設備，新兵會在海兵團進行大約為期五個月的基本軍事教育訓練。（〈海兵團〉，維基百科）

　　這位吉村老師入團時間昭和19年（1944）是太平洋戰爭最劇烈的時候，日軍漸趨下風，台灣人戰死於南洋的消息正逐漸地傳回楊梅。照片中的小朋友大約是四至五年級生，一個已經可以感受生離死別的年紀，因此放大照片仔細觀察這群在二宮尊德塑像前的小男生們，每位表情都是一臉肅穆，沒有一位露出笑容。

　　吉村老師應該是台灣人，合照時並沒有選擇站（或坐）在中間，而是站在不顯眼的左側邊（第四排左一），這與日本籍老師有很大的差異。

　　我想知道：隔年戰爭結束時，吉村老師不知道是否平安歸來？

⑭父與子臨別依依

前往太平洋戰場的父親抱著兒子留念。（1944年，吳金淼攝）

　　1944年日本政府眼見戰爭即將失敗，於是改為全面徵召，只要合乎條件無一倖免，於是為人父的在出發前抱著稚子合照，留下珍貴的影像。略為空洞的眼神，顯現了無奈，或許也帶著深深的期盼，期待還有機會回來抱抱孩子。

　　我的表哥黃裕城，曾任台北中正國中校長（1996-1999），比我年長十四歲，其父親被徵調參加太平洋戰爭時，他就像圖中孩子的年紀。他家住在楊梅老坑山裡，以種茶維生，但是家境並不富裕，其父親出發前並未留下任何照片，卻不幸命喪南洋某地。因此表哥經常提到：「我從來都不知道父親的長相，也不知道他埋葬在何處？」每回看到這張照片，我就想到表哥，也想到我的五伯，因五伯無後，我出生後在名義上承續他的香火，所以被要求稱自己的父親為「歐基桑」（日語，叔叔），這輩子我沒叫過父親「歐多桑」（日語）。唉！時代造成的悲劇。

⑮楊梅庄長送迎

新舊庄長歡送紀念合影。
（1943年，吳金淼攝）

新旧庄長欢送迎記念

　　後藤新平擔任總督府長官之後，認為清朝時的保甲制度對管制人民頗有成效，所以在1898年公布保甲條約，其目的為「以連帶責任，保持地方安寧」，替警察負擔了輔助責任，是日本統治台灣時最低級的基層機構。當時楊梅有三個保。

　　關於楊梅街庄變化的過程，影響最大的是1919年日本總督府進行官制重大調整，將總督由武官改由文官任用，於是開始進行台灣地方行政區域改革，1920年才出現楊梅庄之名。

　　楊梅庄於1941年改稱為「楊梅街」，但拍照時間為1943年，照片中延續「庄長」的稱謂，應該是大家已經習慣稱楊梅為「庄」。合影地點位在楊梅街役所，也就是最早的楊梅鎮公所。

　　這個地方與我六歲（1958）時的記憶還滿雷同，當時位於今光華街與大成路交會口處的這棟建築，裡頭是「寶寶幼稚園」，因為弟弟在此就讀，我曾進入過一次，右側方的圍牆很長，如今這裡已改建為楊梅區圖書館。

⑯ 保正與他的家人

　　保甲制度是日本時代行政上地方的最基層組織，更是地方行政的輔助機關，戰爭時就成為地方上的動員組織。日本時代的保甲制度規定：每十戶設一甲，每十甲設一保；甲設甲長，保設保正，都是無給職。

　　由其區內各戶人家互相推派選出，再由官方認可後方才出任。保甲制度設有連坐機制，當保甲區內中有人犯罪，區內無人盡到事前通報的責任，區內家長就可能被判處罰金。之後保甲制度逐步擴充功能，從一般行政事務、書記、戶口登記，甚至天災、傳染病、修橋鋪路等，都納入了範圍。

　　日本時代楊梅庄還屬於中壢郡，在新竹州的管轄範圍。楊梅庄設有三保，照片中是第三保保正張阿基（後排左四）。根據門邊掛著的「小賣營業」木牌，可以了解張家人很早就做生意，後來張家的家族事業拓展到製材所、製冰廠、戲院（發成戲院）、棺材店等。

　　拍照的地點位於楊梅往新屋的楊新路，楊新路是日本時代形成的街路，屬於水美里，也就是第三保。張家的木材廠與製冰廠就設在楊新路，棺材店與戲院設在老街旁的武營街，可見張家的勢力在日本時代就橫跨新舊楊梅街區的街路。

　　保甲制度於1945年廢除，改為鄰里制。其實鄰相當於甲，里相當於保。

⑰ 警防團修了紀念

楊梅國民學校內警防團的合照。（1944年，吳金森攝）

楊梅街警防團第一回防空救護講習會修了記念
昭和十九年三月二十三日

　　警防團的任務有防空、水火消防事務，以及向來由壯丁團負責的警備輔助工作。空襲時往往會引起火災蔓延而損傷慘重，使得消防工作格外重要。以日本二戰期間為背景的電視劇《阿信》，劇中就有東京被轟炸時警防團的工作情形。

　　1936年日本政府公布〈台灣國民防衛規程〉，台灣成立「防衛團」，接受官方指揮進行防空演練與準備工作。

　　珍珠港事件後，起初日軍勢如破竹，相繼佔領了南洋諸島，但是1942年中途島戰役後，日本的優勢起了變化，美軍逐漸往北進攻，終於戰火越過海洋延燒到台灣，人們處在隨時會被敵機空襲的恐懼中。1943年3月26日「台灣警防團令」公布，4月1日防護團、壯丁團、消防組同時解散，合併成「警防團」。

　　警防團的修了紀念合照選擇在楊梅國民學校內，表示平日的訓練就是以學校為中心，1948年以前，楊梅國民學校是楊梅地區唯一的學校，有足夠的空間進行各種訓練。

⑱ 女子救護隊

　　女子救護隊主要是負責撲滅戰爭被轟炸時所引起的火災。看到上面這張照片時，我還真的吃了一驚，照片中最右者為產婆張未妹。記憶中，早期婦女生產時都是請產婆到家中接生。當時她是楊梅最權威的產婆，接生過的孩子不計其數。1960年我的小堂弟出生，就是請她到家裡來接生，她替初生的小堂弟洗人生的第一次澡，我還記憶猶新。原來她能參加楊梅女子救護隊是因為具有基本的醫護知識與背景，畢竟要當個合格且受人信賴的產婆並不容易。

這張照片也是女子救護隊。許多以二戰時為背景的日劇，在美軍轟炸後的火場，都可以看到戴著這種簡單的頭部防護帽的婦女，提著一個鐵桶提水參與救火。（1944年，吳金淼攝）

⑲轟炸後的現場

美軍空襲後，清理過後的痕
跡，攝於楊梅火車站旁。
（1944年，吳金淼攝）

吳金榮口述：這在楊梅火車站旁最右，是火車站倉庫前面的一條小街，另外一邊
是楊章伯開的礱間，礱間是碾米的地方，將穀子礱變糙米，糙米再變白米。

當時武部隊從滿州調來台灣，學校都讓部隊駐紮，普通民間的房子、礱間這些，
也多少都有駐軍。有一次美軍轟炸台灣，楊梅剛好有日本兵被美軍看到，於是楊
彰伯的房子就被丟了一個炸彈，當時礱米的馬達都彈到田裡去，事後街路人都還
去看轟炸的狀況。我們楊梅就這個地方被轟炸而已，沒傷到人。

　　前楊梅鎮長傅標榮解釋：「當時只丟一個炸彈，被炸得不很嚴重，照片是炸過
之後拆掉的痕跡。新成路河邊有一座楊姓人的礱間，屋主是楊章伯。」

　　黃秀英老師說：「不久戰爭爆發了，幾年之後戰爭越來越激烈，楊梅國校的學
生就『疏開』*了。我帶著學生到秀才窩傅屋公廳上課，楊梅國校沒有學生了，就
住日本阿兵哥，駐軍啦！早上要去疏開的地方上課，一定要躲空襲。飛機來了就停
在樹下，看到飛機走，我才去上課。」

　　在太平洋戰爭期間，美軍向楊梅丟下唯一的一顆炸彈就是這次。清理後的現場
畫面也看不到造成什麼傷害。

＊日文，指疏散到人較少的偏遠處。

第九章

戰後生活

太平洋戰爭於1945年結束，經過五十年日本人的統治，台灣又要再面臨一次天翻地覆的大改變。

我腦海中，從日本時代到光復那段時間楊梅人的生活，幾乎都是母親告訴我的，但是畢竟有限。父親在我十五歲時（1968）過世，在此之前，我不曾與父親深度的聊過天，他是那種標準的日本時代一家之長，嚴肅到我不敢親近。這個階段，涵蓋了我出生（1953）前、後，從無印象到有記憶，因此這章節所有照片考證、分析的過程，彌補了我未能從父親口中聽到當代楊梅人的生活狀況，也將自己的人生與楊梅連結在一起。

這階段的相片，是台灣戰後歷史的完整縮影，從民眾盛大的歡迎國民黨部隊、接收的七十軍部隊、運輸接收人員到五十二軍部隊。尤其是剛到台灣的外省軍人，前途茫茫，不知道是否還有機會和家人見面，而特別拍了張「父親大人留念」的照片，看了令人心酸。甚至我也經由照片上的解說以及照片內的小木牌等蛛絲馬跡，找出楊梅從未討論的「長官公署通運公司」以及「楊梅監視區」，這兩個極為敏感的單位，使我對二二八事件與白色恐怖如何連結到楊梅國校，有了一個較清晰的輪廓。原來自1947年起楊梅就單獨成為一個「監視區」，母親的摯友鄭細森、堂兄鄭煥生、時任中壢國小校長張芳杰等——當時楊梅受牽連的人不少。

⓪① 楊梅第一次的光復節

民國34年10月25日，楊梅火車站前慶祝光復遊行的熱鬧景象。（1945年，吳金淼攝）

吳金榮口述：光復節遊行。拍照地點在楊梅火車站前面，背景街路是大成路，遠方的山是老坑的大平山。當時楊梅的房子沒有很高，所以還看得到大平山。

第一屆光復節的歡迎門是用日本式，熱鬧的情況與參加的人數不少。楊梅人對歡迎祖國的熱情，看這張相片就知道。光復時我二十二歲，我哥大我九歲（金淼1915年生），所以金淼哥拍照當時他是三十一歲。

　　此時也是火車站遷移到此地的第十六年，人群裡許多小孩子可能還健在，照片柱子上對聯內容：「歡喜欲狂且恨遇斯人之晚 迎接不暇也知援吾手而來」，中間橫批「恭迎祖國政府」。群眾裡面還有許多年輕人穿著日本時代「青年團」制服，左側的直旗下方有一組西樂隊，右側柱子下一大群只有節慶才會出現的「布馬陣」*成員，楊梅人對歡迎祖國的熱情，果然看這張相片就知道。

　　火車站前的廣場，曾經是楊梅人重要的活動地點，早期賣藥、賣些生活小物的「撮把戲」*，是那個年代人的共同記憶，解嚴後許多政治性的演講都在這裡舉行。如今為了方便火車站後方社區的往來，就在照片中兩根柱子的位置挖了一條地下道，延伸大成路，於是站前廣場消失了。

*布馬陣的前身是竹馬戲，於清代傳至台灣。布馬陣中，以誇張逗趣的表情動作加上靈巧的身段，讓忙於農事的農夫捧腹大笑，忘卻平日辛勞。
*賣藝人四處到各鄉鎮演出兼賣商品藥物，被稱為「撮把戲」。在現今台灣夜市裡，偶爾還可看到這類以雜耍、魔術、武藝或歌舞表演招徠人潮的生意模式。

⑫ 光復節大會

慶祝台灣光復於楊梅街舉辦大會典禮，牆上標語：遵奉總理遺訓 擁護 陳長官 建設三民主義的新台灣。（1945年，吳金淼攝）

吳金榮口述：台灣第一屆光復節典禮，在楊梅座裡舉行，你看舞台上「觀今鑑古」的匾還掛著。最上一排是丹頂鶴，下一排是硬幣裡的錢花，這也是日本式的裝飾，像桌巾以及台下的一切、敬禮的方式，都保留有日本精神。

念報告書的這個人是代理庄長范姜萍，回到祖國就要敬重祖國，裡面念的是國父遺教，這些精神標語通通都是歡迎祖國。日本時代念天皇的詔書時，民眾就要這樣子聽。

　　好有趣的一張照片，在楊梅戲院的舞台上下，一群人認真的演一齣大戲，這齣戲沒有觀眾，面對新的統治者，大家都是戒慎恐懼的演員，能做的只是將前朝所教的恭敬與謙卑，表演到極致。總理是誰？三民主義是什麼東西？需要被擁護的陳長官長什麼樣子？只能用想像的。我個人最好奇的是：范姜萍念國父遺教是用華語還是日語？

　　台下最右側的那群女生，個個頭低得不能再低，穿的制服與我母親當年念楊梅公學校完全一樣。舞台正上方那塊「觀今鑑古」的匾額，說明了一切。

⑬ 第一批來台的國軍

來台灣接收日軍武器的七十軍，
其中還有兩位拿著日軍的武士
刀。（1946年，吳金淼攝）

陸軍七十軍一零七師三一一團三營七連35.4.19.

　　1945年國民政府接管台灣之後，派來台灣的部隊一開始受到熱烈歡迎，但是由於本身的素質低落，後來表現讓台灣人失望，其實這也其來有自。我倒是滿同情他們，要不是國共內戰，搞得生靈塗炭，有誰願意遠離故鄉來到傳說中的「香蕉天堂」？其中可能更多是迷迷糊糊「被抓兵」來到台灣的。

　　沒錯，國民黨到台灣後，曾經帶給台灣人很大的期望，卻也徹底毀掉台灣人的期待。這張七十軍戰友的合照，是吳金淼要求的擺拍樣式。就是這樣的一批軍人在中國大陸艱苦的和「共匪」戰鬥，被殺、被擄、被追趕，最後來到陌生的台灣；台籍日軍則在太平洋戰爭中，不情不願的面對戰爭的恐懼，許多人骨肉分離、生離死別，從此回不了家鄉，都是時代悲劇。

　　被追趕跑來台灣的七十軍，老一輩的台灣人都稱他們為「破襖兵」，本來應該都是一副憂心喪志的表情，但吳金淼安排拍攝對象擺姿態的能力非常強，於是照片中的七十軍軍人，個個顯得驍勇善戰。拍攝地點應該在楊梅國校校園內，七十軍剛到楊梅時，駐紮在楊梅國校。當時物資缺乏，曾傳出這些士兵將課桌椅劈來當柴燒的負面消息。

ⓞ④日軍武器接收

七十軍在楊梅國校接收日本陸軍使用的武器。（1945年，吳金淼攝）

本營在台省接收日軍第九師團砲兵聯隊野戰重砲
攝影記念（民國三十四年十月十七日）

吳金榮口述：這張是民國34年（1945）台灣光復時在楊梅國民學校的操場上拍的。這些大砲是日本軍的野戰砲，在操場上放得滿滿的。國軍的軍官就在這操場接收日本的野戰砲，並拍下紀念照片。

　　前楊梅鎮長傅標榮說：「日本時代日本人在能去的山頭都設有大砲，甚至拉到山排上。光復後這些大砲全部都收到楊梅國校操場，當時我三年級，雖然是光復了，但全校都放滿軍人的東西，不能上課。我在聖帝廟上了三個月（課），東西處理掉了，才開始回校。戰爭時學校不夠，像集會所、我們傅家公廳也借他們，保甲集會所、老坑的茶工廠，也被學校借來上課，到光復第二年才恢復正常。日本時代在楊梅國校時，我有一個印象，日本兵帶著刺刀在那邊練習劈刺，他們會做一個草人，草人底下有滑輪，拉來這樣劈刺。公會堂那邊就有劍道，用木劍練習，戴著面具和穿防護的劍道服。」

　　成長過程中一直覺得楊梅的軍人很多，經常看到軍車在街上快速奔馳，當時還以為全台灣都是這個樣子，當然我記憶中的軍人穿著和照片中有很大的差異。說真的，長輩都稱這些職業軍人為「長山仔」或「老兵牯」，不無鄙夷之意。

⑤ 通運公司的接收員

　　照片是1946年到1949年之間拍攝的，這四個人合照的照片後方門柱上掛著的小木牌，上面文字為「台灣省行政長官公署 台灣省通運公司接收」，台灣行政長官公署是陳儀來台時設立的；公署底下的台灣省通運公司，其前身是「台灣倉庫運輸株式會社」──這個地方是日本時代設在楊梅火車站旁的運輸單位「馬路通」。

　　通運公司的「接收」代表鐵路貨物運輸業務的接收，在小小的楊梅地區，自清朝到日本時代都是屬於交通要衝之地，加上一直駐有重兵，於是鐵路運輸與倉儲更顯其特殊的地位，1949年故宮國寶與中央研究院古物，就放置在通運公司的倉庫內暫存與保管。

　　這四位接收員與當時軍人的穿著有很大差異，與其說是軍人不如說他們是警察，當時的軍人很少戴著大盤帽，這是「通運警察」，類似1947年專賣局設有查緝私菸的「查緝員」，而私菸的查緝最終引起了二二八事件。

⑥ 楊梅監視區的職員

為了控制台灣人民，國民黨政府到處設立監視區，楊梅監視區就寄生在楊梅分局內。
（1947年，吳金淼攝）

　　沒有細心檢視照片還不知道楊梅曾經存在這種單位，「楊梅監視區」就設立在派出所內。剛到台灣的國民黨驚魂未定，害怕百姓生事，於是在台灣各地設監視區。

　　我合理的懷疑以下兩件事情與這個單位有關聯：張芳杰當時擔任中壢國校校長，無故以「妨害秩序」罪名，於宿舍（分局監視區旁）遭逮捕，羈押兩個月後釋放。隔年在楊梅中學任職的鄭煥生，因經常用日語和同事聊天，被聽不懂日語的外省同事舉報「有密謀某事的嫌疑」，差點被關。逃亡了兩年，人生因而「被」改變。以上發生在楊梅兩件事情，兩位長輩我都熟悉，檢視照片，感慨萬千。

⑦陸軍五十二軍

陸軍五十二軍第二師第六團機二
連合影，攝於楊梅國民學校。
（1949年，吳金淼攝）

陸軍五十二軍第二師第六團機二連全体軍士合同影
1949.11.2.

　　1949年國軍部隊撤退來台，五十二軍就進駐楊梅，因此吳金淼才有機會拍到這張軍人與機槍的合照，照片中軍人的穿著與同年布列松＊在上海拍攝國軍準備撤退時的穿著完全相同，尤其是從鞋面綁到膝蓋下方的綁腿，令人印象深刻。

　　五十二軍是個戰功彪炳的部隊。在國共戰爭之初，他們在東北戰場，差一點將林彪的第四野戰軍趕到北韓。五十二軍撤出東北之後，先到葫蘆島，再撤至江蘇常州。徐蚌會戰時五十二軍的主力並未參戰，而在京滬鐵路沿線擔任掩護作戰，當共軍渡過長江，此時五十二軍發揮以少對多的高度戰力，只以十五個連的兵力硬頂住解放軍十個兵團，創造了國共內戰後期唯一的勝戰「月浦大捷」。

　　1949年五十二軍由上海撤到舟山群島，一個月後再從舟山群島撤至台灣澎湖，擔任守備任務。再過一個月，調至台灣駐防於新竹、苗栗、宜蘭。五十二軍來台之後成為台灣島內防禦部隊的主力，軍部就設在楊梅中學旁，難怪當時協防台灣的美軍顧問團，會派員到楊梅進駐五十二軍營區。

　　部隊雖與校園僅間隔一個操場，但駐守在楊梅龜山下的五十二軍，軍紀嚴明，期間不曾聽說部隊軍人與楊梅人有不愉快的事情發生。

＊卡提耶-布列松（Henri Cartier-Bresson）為法國攝影大師，被譽為「現代新聞攝影之父」。

08 軍士還鄉

吳金榮口述：這張是在鎮公所前。前排坐的是歸鄉軍人們，歡迎回到楊梅的紀念；後面就是楊梅的有志者們（仕紳），有第一任鎮長、里長、議員及很多位議員：張芳杰（左四）、黃阿葉（左六）、鍾和桂（左八）、張福醮（左九）。

　　這是台灣被遺忘的一群，服役了一年八個月卻沒有拿到正式退伍令的青年，一個不堪回首的故事。

　　1949年軍士教導團針對全台適齡青年進行抽籤，全台共有四千餘人被徵召，由當時的台灣防衛總司令兼陸軍總司令的孫立人將軍負責訓練。當時他準備成立台灣新軍，來保衛大台灣，在鳳山今衛武營經過一年八個月的軍事訓練後，卻突然接到「歸休」的命令，「歸休」不是退伍。於是楊梅鎮公所以「軍士還鄉服務」名義來接待他們，並且請來仕紳大合照，多少撫慰了他們被迫「歸休」的難堪。

　　2013年，我接受委託到楊梅故事館籌備處進行資料收集與整理，過程中有幸在前楊梅鎮長傅標榮與女兒傅素芬的協助下，拜訪了當事人李春增先生（前排右三），親口詳述「軍士教導團」的故事，也解開台灣徵兵始於民國40年，但照片上為什麼註明「民國39年8月15日」之謎。

⑨ 新竹縣反共自衛隊

楊梅鎮的反共自衛隊,幾乎
網羅了整個楊梅鎮的青年。
(1950年,吳金淼攝)

吳金榮口述:這張相片是新竹縣反共自衛隊楊梅分隊訓練的全體隊員結訓留影,
我還記得當時訓練的情形,以及叫號令的方式。這些楊梅年輕人是受過日本時代
的青年訓練,他們的腳步和我們祖國訓練出來的不同,當時叫的雖是祖國號令,
但踏出來的腳步卻完全是日本式的。日本人要求手要高、腳步要直、膝蓋舉起來
要平高;中國式的雖也要求腳要平高,但是腳不是直的,所以訓練方式不一樣。
這張圖是在楊梅國校操場拍的,訓練時可能分好多組,結訓日子全體隊員集合在
操場拍照。前面的兩排是指揮官、教官,大陸來的,以及地方人士和記者,後面
那一大堆的就是隊員,這個場面實在很大。

　這個時間,台灣尚未正式實施徵兵,但是卻發生孫立人組成的「軍士教導團」
部隊被強迫歸休(返鄉)事件。為了繼續進行年輕人的軍事訓練,一方面規劃徵兵
條例,同時準備新兵入伍訓練,「反共自衛隊」是正式徵兵前的暖身訓練。坐在
第一排的人穿著警察制服,被訓練的人稱為「義警防護分隊」,他們的訓練應該是
以協助警察工作為主要目的。反共自衛隊的任務包括:平時協助憲警治安、嚴密防
諜、做有益大家的事,以及全力合作力求自給自足;戰時則助軍救火防災等,維持
後方的治安。

⑩ 戰後第一次徵兵入營

歡送楊梅鎮第一期新兵入營留念。（1951年，吳金淼攝）

吳金榮口述：這是第一屆民選鎮長張福釃（前排中）和第一屆徵兵入伍的樣子，在以前楊梅座前拍的。這個樣子就是日本時代出征時的場面，後面直條白布寫上每一位被徵兵入伍的名字。我們祖國第一屆徵兵入伍時，還是用日本式歡送。這合影之中也有楊梅的有志者（仕紳）如黃阿榜，還有議員這些人。

剛渡過戰爭的台灣人，對戰爭的恐懼記憶深刻，因此1951年台灣第一次施行徵兵制，大家都非常的重視，還模仿日本時代舉辦盛大的入伍歡送會。當年全台有一萬兩千名青年入伍，照片中前排左五、手中拿的國旗是以日本時代訓練劍道的「木劍」為旗桿，此人一定具有「武士道精神」。

我的父親是毫無軍旅經驗的，日本時代太平洋戰爭結束前，他大約只有十五歲，年紀太輕不符入伍資格；1951年台灣開始徵兵時，他已經是二十四歲「高齡」，所以也沒徵召到他。父親的七兄弟中只有五伯「被徵召」當日軍，戰歿於南洋。

照片中兩側探頭觀看的小孩，算算至今（2023）也都八十高齡以上了。

⑪ 外省第一代與第二代

人生何處不相逢，外省第一
代與第二代攝於台灣楊梅。
（1953年，吳金淼攝）

　　2020年看了台北美術館展出的「布列松在中國」攝影展，內容大部分是1948
至1949年布列松在北京、南京、上海拍攝的，其中不少畫面是共產黨入城，或國民
黨人準備撤離的畫面，逃難中人們無助的眼神，看了令人心痛。到了1953年，這些
跟著國民黨撤退來台灣的人，得到政府特別的照顧，大致過得安定，也有許多人有
了第二代。

　　照片旁寫著「人生何處不相逢」，一群不同背景，來自不同省分的「外省
人」，能夠聚集在楊梅的金淼照相館合影留念，倒也是一個特殊的緣分。

　　楊梅內的外省軍人、軍眷、公務人員主要集中在靠近埔心的四個眷村，這四個
眷村都設有圍牆與大門，平時本地人是不太進去的。經過了二二八事件之後的白色
恐怖年代，台灣人與外省人的確有很深的隔閡。

　　其實也不是所有外省人都能住在眷村裡，楊梅鎮上也分散的住著一些外省
人——號稱「鯨豚媽媽」的台大周蓮香教授，就曾住在楊梅農會旁的倉庫，他父親
以回收為業，對人非常的客氣。

⑫ 歡送劉玉章將軍

劉玉章將軍調往擔任中部防守司令官前的臨別紀念照。（1953年，吳金榮攝）

　　劉玉章將軍（五位坐藤椅中間那位）是一位傑出的國軍將領，被調往中部防守司令官之後隔年（1954）出任金防部司令官，領導金門軍人挖山洞、鑿地道與戰壕，全面建造金門的防禦工事，這些設施在八二三砲戰時起了最大的功能。

　　吳金淼兩兄弟留下的照片中，最具有意義的就是日軍與國軍相關的影像，讓我在影像整理的過程中對楊梅軍事歷史有完整的概念。

　　陸軍第五十二軍部隊與楊梅中學校園僅一個操場之隔，兩者關係十分密切。部隊的工兵曾經幫學校挖平山坡，擴展校地，也曾幫張芳杰校長解決貧困孩子的膳食問題——名畫家謝孝德先生就是其中最有名的例子，他在楊梅中學念書時，就是在五十二軍部隊的廚房內解決三餐。

　　2013年楊梅故事館籌備處舉辦活動時，謝孝德之子知名歌手謝宇威來支援場面，他當場表示：「梅中對他父親的恩情太大了，費用全免。」在許多梅中活動的老照片裡頭，也都可以看到五十二軍的指揮官前來致詞。

⑬ 梅中旁的美軍顧問團

楊梅美軍顧問團的美軍與眷屬們。
（1953年，吳金榮攝）

吳金榮口述：光復後龜山下方變為現在的梅中，這個位置就是梅中操場邊，當時祖國來操場邊駐有五十二軍。這是民國41年做的軍營門，上面還寫著「還我河山」。這張相片是五十二軍副軍長劉玉章榮升軍長時拍的，楊梅那時有美軍顧問團駐在那裡，軍人和顧問團家屬們全部都笑容滿面。劉玉章好像也有留下一副對聯在錫福宮。

　　吳金榮的說明「這張相片是五十二軍副軍長劉玉章榮升軍長時拍的」，但是劉玉章本人並不在此照片中，而是劉玉章榮升司令官臨別紀念合照之後另外拍攝的，劉玉章1953年3月調任北部防守區副司令，同年4月調升中部防守區司令。

　　現在楊梅網球場這一帶，是五十二軍部隊從前的所在地。1950年6月25日韓戰爆發，美國決定重新資助在台灣的中華民國政府，而美軍顧問團正是美國軍事援助的一部分。該美軍顧問團的正式名稱為「美國軍事援助技術團」，其最重要的一個任務，是將美國的軍事預算管理制度，導入中華民國政府決策機制之中。

⑭軍人之友社學生街頭宣講

梅中學生於楊梅大華街街頭宣講。（1952年，吳金榮攝）

念留傳宣頭街生学社支鎮梅楊社友之人軍
旦元年一十四國民

吳金榮口述：這張是軍人之友社楊梅支社學生的街頭宣傳，拍照地點在我家前面老街轉角的三岔路口。這裡面有軍人、梅中學生、楊梅人士。學生宣傳的內容可能是講軍人對百姓的友好。這張照片是我在樓上拍的，才有這樣的角度。

　　畫面正中間穿黑夾克一臉嚴肅的是帶隊的葉國治老師，在梅中教工藝與童軍課；左上角禿頭戴眼鏡那位是陳振安教務主任，楊梅中學時代學校的三巨頭之一，因此學生是被動員前來的。我非常佩服站在長板凳上「表演」的學生，除了膽子要大，也要具有表演的天賦。我對軍人之友社的印象還滿好的，在我服役期間，也是嬰兒潮世代入伍的高潮期，當時台灣經濟正在起飛中，但是政府「重工輕農」的政策，致使許多台灣農家日子過得相當辛苦，孩子入伍家中就像少了一隻胳臂，區區九百多元的薪資，自己都不夠用。當家裡發生事情，急需一些錢，還真的會急死這些役男。好幾次，聽到這類消息，我立即以公文通知當地軍友社，軍友社會立即派人前往探視，予以協助。有回一位家住屏東的役男，向我道謝說：「軍友社有派人去探望他生病的母親，並且送了兩千元紅包。」

⑮ 消防隊授車典禮

楊梅鎮消防隊授車典禮，右方是從新型救火車搬下來的大幫浦。（1953年，吳金淼攝）

楊梅鎮消防隊授車典礼紀念　42 11.16.

吳金榮口述：這是光復後的事情，之前救火的機器還是用人力的，這是換較新型的幫浦式救火車授車典禮，最老式的廢掉了。民國32年（1943）火燒廟（錫福宮）時，用老式人力救火車滅火，這邊四人，那邊四人，用壓的沒法度救。合照地點是楊梅以前的分室，現在叫作分局，旁邊（右）是從車上搬下來的大幫浦。

前排人物右二黃阿葉、右三鍾和桂。老一輩的人稱消防車為「救火車」，這部新型消防車本身並沒有水箱設備，而是將右方的大幫浦載到火災現場之後，由幫浦抽水。當時沒有自來水，各家戶都自備水井，因此可從附近水井抽水滅火。

最右側那部就是1953年換新之前的老式救火車，必須用人力拖到火災現場，再以人力壓水滅火。（約1951年，吳金淼攝）

1897年日本人在今台北市南門一帶設立嶄新的總督府國語學校，開啟了台灣的現代教育；1899年在楊梅的父老鄉親敦促與協力之下，於楊梅龜山山腳下建立了楊梅公學校，自此楊梅學子不必遠赴新埔、桃園求學。

日本教員在教學方面一直都相當嚴格，一方面是剛佔領台灣，對台灣的風俗民情尚未了解，面對相對落後的台灣多少還帶著歧視感；另一方面，到處還有反日分子「作亂」，因此楊梅分室就設在學校與宿舍旁，頗有保護之意。

楊梅公學校成立四十六年之後（1945）由另一個政府接收，不同的政治制度、文化觀、教學方式，讓好不容易才習慣日本教育的台灣人民又要經過一次大變動，希望學生效法的二宮尊德銅像，改為蔣介石銅像。不同的教育哲學與制度所產生的結果，至今還深深地影響台灣。

戰後嬰兒潮世代，升學競爭激烈，評量標準都是「分數」。而我這般年紀的人，至今還有人會感謝小學老師的嚴格管教，我想其中的差別在於老師管教時，當下他的內心是否帶著理智與關懷，而不是不管死活的打爛，以一根竹子來要求學生的成績好。

㉒ 楊梅國民學校的接收

民國34年11月17日楊梅國民
學校接管儀式。（1945年，
吳金淼攝）

看到這張照片，我是挖到了寶，細看右上方的秩序表才知道這畫面是楊梅國民學校接管儀式，左上方註記的時間是「民國三十四年十一月十七日」，歷史上的一刻。

楊梅壢公學校創建於1899年，1941更名為楊梅國民學校，我彭家的伯父們都是這所學校畢業的。在1950年，楊梅的水美國小創立之前，楊梅街庄所有要上國校的，唯一的選擇就是楊梅國民學校。

楊梅國民學校因台灣「光復」面臨重大的改變，下方的這群人看著主持人向陌生的「孫總理遺像」鞠躬，當時的心情不知如何？其實這個場景至今改變不大，迄今總統就職時仍要面對大大的國父遺像、國旗念國父遺囑，當時稱為「總理遺囑」，來宣示對國家的效忠。

倒是牆上左側掛著的「口號」讓我回想起好久沒有呼口號了。記得念高中以前，甚至當兵時，在重要的公家典禮活動結束時一定要「呼口號」，但我覺得很無聊，只跟著大家舉起手，嘴裡隨便虛應一下。牆上掛的口號第八條「台灣光復萬歲」、第九條「中國國民黨萬歲」、第十條「中華民國萬萬歲」。

⑫ 最後一屆的高等科

照片上註明的是「楊梅第弍屆高等科畢業記念」，其實楊梅國民學校高等科的設立（1934）最早源自日本時代楊梅公學校時期。這張照片上寫的是第二屆，說明了國民黨政府1945年來到台灣之前，當時已進入高等科的稱為第一屆，1945年入學（二年制）的為第二屆，畢業時為1947年，這屆也是楊梅國民學校高等科的最後一屆。1947年高等科被廢除之後，1948年在楊梅地方人士的奔走之下成立了楊梅中學。

1947年楊梅國民學校校長為黃乾茂，他於1945年擔任第十七任校長，但是不到兩年，在拍完這張照片（他沒在照片上）後的八月份就因身患氣喘而卸下校長職務，之後連續三任校長任期都不到一年，政局的動盪，也影響著教育環境。

不過在照片中，我看到剛進楊梅國民學校服務的六伯父彭訓朋（二排站立者右三），他於1939年楊梅公學校高等科畢業後，立即渡日，五年後崎阜縣斐大高中畢業，戰後回台，1945年通過黃乾茂校長核可，到楊梅國校任職至六十五歲屆齡退休。

⓷ 水美國校的誕生

桃園縣立水美國民學校開校典禮留影

又是一張珍貴的相片，水美國民學校開校典禮的紀念照，拍攝於1950年，至今
（2023）已七十多年。水美國民學校位於楊梅往新屋的楊新路上，距離楊梅火車站
不到1公里，因此成立之初，楊梅楊新路靠近火車站、水美里以及高山頂一帶都是
它的學區。

早期住在高山頂念水美國校的孩子都有一個共同記憶：從高山頂來到隘口寮
時，如果直接走石跳仔＊過社子溪，到學校的距離不遠；但是大雨過後，石跳仔被
湍急的溪水淹沒了，學生們只好繞路經楊新路過橋再走到學校。雖無照片佐證，但
是有走過石跳仔上學的人應該不多。

在進行照片的選擇與解說時，我不自覺會帶入許多個人的回憶。我是嬰兒潮世
代出生的，1960年代左右，楊梅連續建立了多所國民學校，1958年距家不遠的地
方增設了大同國小，當時校門口前方的橋尚未完成，我上學走石跳仔過河的經驗近
兩年，每次遇到雨後老坑溪河水湍急，就需要繞行到上游的新農橋到校。

＊石跳仔是在淺水河壩上讓人踩踏的石頭，方便通過。

04 楊梅國校學生畢業照

光復後第一屆念楊梅國校的畢業生。（1951年，吳金榮攝）

楊梅國民學校第四十六屆畢業留影

拍這張照片時吳金榮二十七歲，楊梅國校畢業十三年，有趣的時代。

這群畢業生出生於日本時代卻是開始完整接受中華民國教育的一代，他們的老師不是受日本教育就是來自中國大陸。

第三排右一是我的六伯彭訓朋老師，1945年太平洋戰爭結束，自日本返回台灣，當年就成為楊梅國校老師，此時是他任教的第六年，這群學生剛好是他任教第一年入學的。當時一個不會講國語的老師，教一群聽不懂國語的學生，老師前一天學的ㄅㄆㄇㄈ第二天就要派上用場，大家共同面對這個大變化的時代，雖然有點艱難，總得慢慢適應。

日式典雅的校門口，面對車輛稀少的台一線，稍微西斜的太陽照亮每個人的臉龐，幾乎每個學生都專注的看著鏡頭，而大部分老師不是東看就是西瞧，應該是連拍多張照片之後的不耐。如今校門已不復存在，老師也已駕鶴西歸，學生都已年過八旬，祝福一百二十幾歲（2023）的楊梅國小*持續蒸蒸日上。

＊1968年楊梅國民學校更名為楊梅國民小學。

ⓄⓈ方濟幼稚園寶寶

楊梅方濟幼稚園第一屆全體留影。（1961年，吳金榮攝）

　　1960年12月盧森堡的普慈方濟修女會六位修女抵達楊梅，暫時租用今大模路與光復街交會口的一棟許姓人家的大宅院，原先此處只是當成修女宿舍，因空間夠大，1961年創設了幼稚園。1963年修女院興建完工，盧森堡總會又派了三位修女來到楊梅方濟修女院，服務範圍逐漸擴大，記得此時也逐漸看到台灣女性的修女出現，幼稚園也遷移到院內，由於方濟幼稚園辦學口碑不錯，許多家長願意把小孩送到這裡。這個時候是戰後嬰兒潮最高峰的一段時間，不但學校增班，楊梅也增開了好幾所幼稚園。方濟幼稚園離我家只有幾步之遙，我的弟弟就成為該院的第一屆學生（上圖二排右九）。弟弟2020年領

敬老卡，所以上面這群幼稚園寶寶也都是法定老人了；同時這群寶寶也是六年國民義務教育的最後一屆、國民學校五六年級生需要惡補參加初中考試的最後一屆，辛苦了！

楊梅方濟幼稚園第四屆的幼兒生人數比第一屆多出了一倍有餘。（1964年，吳金榮攝）

06 遠足與運動會

楊梅國小學生快樂去遠足。
（約1960年，吳金榮攝）

　　不知從何時起「遠足」這個名詞被「戶外教學」取代。現在戶外教學都以汽車代步，早期國小每學期都會舉辦一次「遠足」，遠足真的是用「足」走很遠的路。

照片裡的遠足，是從楊梅國小走到矮坪仔茶園，在茶園裡拍個團體照，吃完餐點，就打道回校，是一種便宜又快樂的玩法。

　　看到這張照片我非常有感，因為從學校出發的「遠足」，一路上總是被老師緊盯著不敢造次，單程大約4至6公里，目的地幾乎都是楊梅附近的茶園。吃過餐點，面對那些受過日本教育的老師，我們能離多遠就多遠，只要是在老師的視線範圍內，我們胡鬧一下，老師不會管的。

　　金淼照相館裡關於楊梅國小師生的照片非常多，如果楊梅國小需要的話，可以找到數百張精彩的「老」照片。

楊梅國小運動會之平衡木表演。這張照片將35mm相機輕巧的功能發揮到極致。仰拍取景，增加了選手的高度；按下快門的剎那更是精準，在當時相機未有連續快拍的功能，能有這種傑作，全靠功力，甚至還要帶著一點點的運氣。（約1960年，吳金榮攝）

⑰楊梅戲院的股東與演員

客家大戲演員與楊梅戲院股東們
合影，幾乎網羅楊梅的名人。
（1952年，吳金淼攝）

　　在楊梅座（戲院）成立之前，要看戲一定得趕在拜拜時看廟前戲台上的野台戲。1934年楊梅座完成之後，立即成為楊梅人的重要娛樂中心，不論颱風下雨，都能舒服的坐在戲院內安心的看個過癮。

　　母親提到外公愛看戲的趣事：住在高山頂的外公是一位篤實的農夫，除了耕田，平日重要的娛樂是晚間在廳下和眾兄弟們吹吹嗩吶、拉拉弦、敲鑼打鼓、唱唱戲；另外每逢楊梅座新的客家大戲上演時，更是他的快樂時光。戲院的股東們都能擁有免費的贈票，外婆的弟弟黃阿葉（後排左四戴眼鏡）醫生也是股東之一，因此每當新戲上檔，外公都會利用午休時間，從高山頂走2公里的路，到黃阿葉位於老街的培達診所索票。

⑱ 衰敗的楊梅戲院

歇業後的楊梅戲院，由於地處楊梅
新街的中心，很快地就改建為商用
大樓。（1970年，吳金榮攝）

　　客家大戲的風光時刻未能維持很久，1960年代左右舞台上的即興演出逐漸被電
影取代，過程中戲團也不是沒有努力過，他們嘗試將傳統戲劇加上新的元素。但是
楊梅戲院的大戲演出終究沒能延續，到我五六歲懂事時楊梅戲院大部分都是上演電
影，尤其是日本電影，許多當時的日籍大明星，我都是在螢幕上認得的，如：三船
敏郎、小林旭、石原裕次郎、美空雲雀等。1960年代剛好也是受日本教育世代獨立
自主的時候，他們接受過完整的日本教育，喜歡也了解日本文化。只要有大明星演
出的電影，我幾乎都能跟著父母親進到楊梅戲院觀看。

　　或許感受到這些接受日本教育的社會中堅分子太過於親日，而日本侵華的血海
深仇不能忘記，因此自台灣光復後日片進口數量逐漸減少＊，改以進口美國電影，
楊梅戲院頓失了這群忠實觀眾，加上戲院老舊，最致命的是老市場旁的武營街於
1959年建了一座新穎的金星戲院。

　　新建的金星戲院設備良好，加上電視台的開播，老舊的楊梅戲院無法生存，約
於1965年停業，之後一直處於沒被利用的狀態應該有十幾年吧！如今地上建物已變
成一家銀行。

＊1972年全面禁止日片進口，此時楊梅戲院已關門。

⑨ 新穎的金星戲院

楊梅金星戲院掛在牆壁上的手繪電影廣告。（1959年，吳金榮攝）

　　金星戲院建在一個斜坡上，坡度剛好，每個座位都有良好視野，加上適逢戰後世界景氣快速復甦，好萊塢大場景、大製作的電影，投射在有點弧形的大螢幕上，真是壯觀，我的西洋電影課程就是在金星戲院自學的。除了西洋電影，國片也逐漸蓬勃，1960年代流行所謂的健康寫實電影，印象深刻的是《蚵女》、《養鴨人家》；武俠電影也相當流行，如《龍門客棧》。我還記得小學五年級（1963）全班被帶到金星戲院看《吳鳳》，當演到吳鳳被砍頭那一幕，就傳出女生的啜泣聲，待電影結束燈光亮起，還真的有好多同學紅著眼眶。

金星戲院內景照片，右下方特別打上戲院的商標，應該是吳氏兄弟替戲院拍攝的宣傳照。（1959年，吳金榮攝）

生命禮俗

這個章節我以空前的楊梅生日宴、上百位七十歲以上老人的大合照拉開序幕。這張黃媽番妹九旬晉一的敬老會，主辦方是楊梅當時數一數二的有錢人，邀請楊梅七十歲以上老人家參加不收禮的生日宴，宴罷臨去前來個大合照，還送紀念品。此事在楊梅傳為佳話，主人得到讚美，身為老母親的主角更因兒子的孝心，甚感榮耀。

從金淼寫真館到光復後的金淼照相舘，約三十幾年間他們是楊梅唯一的照相舘，每個家庭或個人需要攝影留念的重要時刻，他們成為唯一的選擇。在仔細檢視每張照片的過程中，我多次不經意地發現家人、親戚、老師等的影像，這也是我在編寫此書時獨享的樂趣。

初生的幼兒、學生、青少年、全家福等在攝影棚內拍攝的照片，金淼照相舘保留得相當多，但內容與地方無連結的，放上來意義不大。送葬照片就不同了，「按下快門的瞬間成為永恆」，在多張送葬的照片中，我宛如穿越時光，不僅重現了我來不及看到的歷史場景，也重新聚焦了我記憶中極為模糊的舊時殘影。

如今我只要回到楊梅，目擊街景時會不經意的疊上老影像，或許有一天人們可以將金淼兄弟的照片放入VR中，讓更多人輕易的重見歷史上的楊梅。

①① 敬老會生日宴

楊梅復華街上生日宴後的大合
照，照片右上角樹木的右方為大
和醫院。（1957年，吳金榮攝）

吳金榮口述：這是王榮盛先生她媽媽做九十一歲生日，請所有楊梅七十歲以上的
老人家吃一餐，他沒有收禮。這看起來有百多個人的樣子，其中還有兩夫妻現在
還健在（1995）。宴客結束時，他反而包紅包給參加的人，意思就是祝福感謝他
們。王榮盛開的「大昌行」位在楊梅以前最老的市場前面，什麼都有賣，菸酒、
成藥、肥料，一切都很齊。當時有人到處收鴨毛、酒罐，也有不要的壞銅壞鐵，
就交貨給大昌行，也兼著賣水果，王榮盛賺了很多錢。日本時代鴨毛很有用處，
因為鴨的毛絨可以做衣服、枕頭用。那時候一隻鴨的鴨毛值好幾角錢，雞毛就沒
有人要了。

當時楊梅七十歲以上的人通通有請，這個戴帽子及眼鏡的是我爸爸（前排中間坐
著翹腳那位），我媽站在他後方。那時候的場面還滿大，因為是用外拍六吋底
片，三角架要加兩節，同時拍照時要墊椅子才夠高，斜斜的拍，後面的人才拍得
到。拍的地方是大華街老街尾截這邊。

　　其實，當時受邀的是老街一帶的長者，並非全部所有「楊梅七十歲以上」，因
為我家那位有錢的祖父就沒有被邀請。

⑫日本時代結婚照

日本時代與親朋好友合影的結婚照。（約1940年，吳金淼攝）

日本時代與親朋好友合影的結婚照。（約1940年，吳金淼攝）

　　從背景的拉門，可以確定拍攝位置為這家人三合院的左邊護龍前。一般這種房間為儲藏室，且不開窗戶。為表示隆重，有位老兄（前排右二）還帶著配劍參加。

　　吳金淼拍攝的結婚照相當多，在照片裡面我們可以欣賞到不同時代的結婚禮服，可以深深的感受「今日的流行即明日的古典」。十幾年前，有一位研究台灣服飾的學者，獲悉我長期記錄客家文化，於是希望我能提供「客家傳統」的新娘禮服，很遺憾的，當時我沒有這些資料。

　　我也確信，日本時代至今，客家新娘服飾也只是「當下的流行」，絕對沒有所謂的「客家型式」。吳金淼拍攝結婚照的禮服，與其他地方當下的流行一定難分軒輊。

　　畢竟結婚是終身大事，請來攝影師拍張照片是必須的，如果將吳金淼拍攝的結婚照片，依時間序整理，將可以做為研究婚紗演變過程的重要資料。

⓸ 五〇年代結婚照

我父母親的結婚照，以傳統三合院正廳當背景，門的兩側還掛著日本時代的木製人名牌，前方以兩盆景襯托。（1950年，吳金淼攝）

　　這張結婚照不在金淼照相館照片資料的檔案裡，但確定為吳金淼先生所拍攝的——2020年，照片中的新娘子親口向我說的。母親出生於1930年，有機會從九十一歲的老母口中談到她結婚照片中的故事，我何其幸運。

　　父親是家中的屘子，長得高大且英俊，彭家雖不是大富大貴，卻還稱得上是「有錢人」，但是這個「有錢人」的孩子要追求辦公室的「先輩」也非易事，畢竟母親比父親早五年到鎮公所任職，「對自動上門的菜鳥，多少要作弄一番」，母親看著相片以這種「口氣」告訴我當時父親追求她的過程，還好父親成功達陣。

　　再問母親結婚當天的交通工具？「我是搭轎子過來的，本來妳爸爸要租一部車，當時很少人用轎車迎娶，他要有面子，但是通往高山頂那座木橋搖搖晃晃的，司機不敢接這趟生意，最後選擇用轎子抬過來，你彭家的幾位伯母也都是用轎子抬過來的。」天啊！更早結婚的六伯母是從新埔附近的石光用轎子抬過來，無法想像。

　　相片中父母的至親、友人大部分都不在了。

　　這棟房子是祖父彭天雲在六十歲（1914）鳩工興建，當時日本統治台灣屆滿二十年，目前這裡成為楊心國小校園。

ⓄⒻ 三輪車迎娶

三輪車迎娶遇天氣不好，還真是泥濘難行，後方的媒婆，豁出去了，一邊撐傘一隻手還幫忙推，「媒人禮」不好賺啊！（約1960年，吳金榮攝）

　　我母親嫁到彭家時是搭轎子過來的，在1950年代以前還相當流行，到了1960年代，轎子迎娶幾乎消失了，取而代之的是三輪車或是轎車。1960年同年迎娶新娘的彭家大堂兄與二堂兄，兩人個性不同，大堂兄深得二伯母疼惜，較敢花錢，弄了一部大轎車當禮車，相當風光；三伯母小孩生得多，較節儉，於是二堂哥只用三輪車迎娶，從新埔到楊梅，超過10公里的路程，一路顛簸，新郎新娘都不好受，三輪車伕更難過，當時新埔到楊梅道路尚未鋪柏油，加上有不少上下坡，難怪那個年代談婚論嫁的對象幾乎都距離自家不遠，交通不便、媒妁之言、人際網絡等，都是重要原因。

　　1960年，彭家六伯已經有相機與暗房，因此幾位堂兄從訂婚到結婚拍照都是由六伯擔綱，照片較完整。不像我父母親結婚時，還得特地請來吳金淼拍了張新郎新娘合照，以及男女雙方家人的大合照。

　　這張迎娶的照片是用35釐米的底片拍攝的，輕巧的135相機已經能夠「跟拍」了，於是出現這種「難得」的迎娶過程畫面。

⑤計程車迎娶

新娘禮車慢慢駛在鄉間小
路上，新娘子到了！（約
1960年，吳金榮攝）

　　畫面右邊的稈棚、左邊的卵石駁、後方的竹圍，呈現標準的北部農村環境。右
側的禾稈棚為何會塌向一側？當時大家都用大灶煮食，禾稈是升火時必備的，我記
憶中，只要母親吩咐一聲，我立即跑到屋旁的稈棚，從底部抽一大把禾稈，抽了多
次，稈棚當然會傾斜，但是沒關係，一年兩季的稻穫，新鮮的稈棚會取代前次所堆
的舊稈棚。

　　新娘禮車慢慢的走在鄉間小道上，背後跟著的除了新郎家人外，大部分是新娘
家送嫁的，鄉下合院空間太窄，送嫁車隊停在外頭馬路邊，我甚至懷疑這些送嫁部
隊是一路用走路陪伴。就像替母親送嫁的鄭屋人，一路從高山頂走到楊梅鎮上的彭
屋。

　　1960年代以禮車迎娶，絕大部分是用計程車來充當，那個時代擁有豪華私家車
的家庭非常稀少，而這些擁有車子的達官貴人也不是小老百姓能夠高攀的。

⑥ 嬰幼兒照

金淼照相舘保存的老相片中，這類型的嬰兒照相當
多。（約1950年，吳金淼攝）

　　結婚象徵著家族的後代得以延續，於是新婚之後的新嫁娘，肚皮日漸成為夫家人注意的焦點。在依然重男輕女的年代，許多女人最大的壓力來自肚皮。婚後肚皮沒動靜會被關心；肚皮開始鼓起之後，又一直被暗示：最好生個小壯丁。天啊！生男生女哪由得肚皮的主人。

　　右邊全裸的男嬰照，就是當父親的相當得意有了兒子，於是特別拍張露出「小鳥」的嬰兒照──當時的流行。

　　嬰幼兒照「不好拍」，主要是嬰幼兒根本不聽指揮，拍照過程中會不停的動，因此金淼照相舘留下的嬰幼兒照片中，幾乎有十分之一是有點模糊的。不像現在，拍完立即回看，不滿意！再來一張。當時的作法應該是拍個兩三張，待底片沖出，有可能三張都有一點模糊，只好選擇最好的一張來交差。但是只要拍成功的照片，張張表情自然，吸引著人們的目光。

　　觀念還是漸漸的進步，吳金淼留下的數百張娃娃照片中，男女比率差不多。

ⓄⒼ別世留影

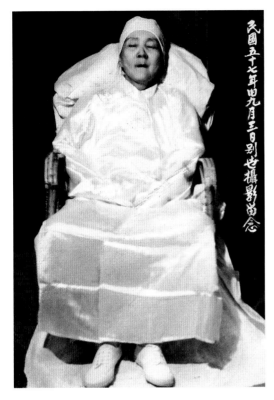

因對往生者的不捨，於是請攝影拍下別世的照片。
（1968年，吳金淼攝）

　　還有一種照片相當特別，就是有一些過世的老人，可能生前的照片不多，甚至
沒有，於是在過世當下身體未僵硬之時，立即請來吳金淼留下遺照。能拍照時間真
的不多，死亡後約四個小時遺體就僵硬。遺族之所以拍這種「別世」之後的照片，
是對往生者的不捨。

　　我也有過類似的經驗：一位南部好友的父親過世，我替往生者拍了許多張臉部
特寫，朋友的感謝全寫在臉上，能幫上忙我也感覺快樂。吳氏兄弟留下來這類的照
片約近三十張。

　　這些別世照片大部分都是拍攝於1970年代前後，這段時間也是民間開始擁有照
相機的年代，對於留下紀念影像的觀念逐漸普遍，才會有人突發奇想留下別世照。
在這些別世照中，不乏旁邊還有親人幫忙扶正，也可能是在親人彌留之際，趕緊換
上壽衣，請攝影師來拍照。

⑧ 日本時代的告別式

　　告別式的來賓分兩側面對面的坐在長板凳上，本來以為右側那幾位是八音班的樂手，細看之下，原來被我誤認的樂器竟然是「配劍」。這些人都是教師，在日本時代「配劍」是教師服飾裝扮的一部分，因此在正式的場合都會帶著「配劍」出席以表示尊重。

　　在沒有殯儀館的時代，楊梅壢地區的喪儀，街上人家都是在屋前馬路搭個棚子來辦，佔掉半條路面也沒有任何人敢抗議，畢竟死者為大，何況那個時代車流量不大。當然喪儀期間「做齋」的儀式更是馬虎不得，每隔一段時間法師會召集遺族在旁陪拜，要做功德給往生者，甚至有時會要求遺族「做孝」，配合他的指令，該哭的時候就要哭出聲來，重複的跪拜。做孝非常累人，因此當我看到福佬朋友請「孝女白琴」來幫忙哭，雖然覺得有點不可思議，但也是變通的作法。

　　還山（出殯）的儀式，各個客家地區在同一時代差異不大，畢竟許多禮俗必須依著「傳統」來進行，而這些「傳統」也不知來自何方與何時。「還山」一詞頗有深意：早期都是土葬，塚埔也都設於山腳，死後歸於山林，塵歸塵，土歸土。

⑨日本時代的還山

楊新路上的送葬隊伍——
篤善胡公之還山紀念照。
（1941年，吳金淼攝）

篤善胡公之遷山記念

出殯送葬的隊伍走在沒有鋪柏油的街道上，前方兩個打赤腳的小孩，各舉著一束花引導著準備出發。這條老街是現今火車站往新屋的楊新路，楊梅老街只有這段靠近山邊，後方那座山是長崗嶺山，目前楊新路上也還保留著好幾棟日本時代的老街建築。這個送葬的隊伍為何不是往楊梅水尾牌下的公墓，而是朝相反方向的楊梅新街大成路？主要就是要繞新街一圈，來展示「場面」。

楊梅最熱鬧的街道為大成路，在1970年代以前，所有送葬隊伍都會繞行這1公里長的街道。我長大後才了解：結婚是兩個家庭的事情，只要雙方談妥，任何事情都好辦；而喪事則是整個宗親的事，是由宗親會來主導。宗親會的幹部會評估喪家的財力來決定喪儀規模，遇到稍有財力的喪家，宗親會就盡全力動員，送來的花圈與輓聯都要在街道上展示，因此經常出現送葬前導已經到了下街的火車站，但是還有許多載花圈的三輪車與抬輓聯的人在上街等待出發，當然旁觀的人會讚嘆往生者的好人脈，喪家得到哀榮，宗親會則驕傲的炫耀自己的實力。其實花圈遊街是從日本時代就已經存在的習俗，當時的花圈較小型，於是找來一些小朋友舉著花圈走在送葬隊伍中，增加熱鬧氣氛，小朋友則因賺到零用錢而高興了一整天。

❿ 庄役場前的還山

大樹下為庄役場的正門。
（1941年，吳金淼攝）

吳金榮口述：這棵樹下就是庄役場，當時的役場就這樣小小間的，旁邊就是庄長
宿舍，後來才換到今天鎮公所的位置。這條是要去火車站的道路，直直往下走，
當時還沒有鋪柏油都是石子路，右邊「精巧時計店」鐘錶行的老闆是鍾勝彥。

　　前楊梅鎮長傅標榮指出：「庄役場也是街役場，也就是鎮公所，役場就是公
所。到後來楊梅成街了，就在現在楊梅鎮公所建立新的公所；這是街役場的原址，
光復後先是改為寶寶幼稚園，後來蓋成現在的圖書館。」

　　楊梅區舊名楊梅壢庄，清康熙時就有移民進入楊梅壢，至乾隆年間大規模開
發。1920年改為楊梅庄，1941年楊梅庄升格為楊梅街，因此庄役場改稱為街役
場，但當地人還是習慣稱為「庄」。當時還沒有「大成路」這個名稱，整條路都還
是細石鋪面，右側精巧時計店的位置於道路（今光華街）拓寬後拆除，店面遷移到
今大成市場前方街道，改名為精巧鐘錶行。在機械錶的年代，鐘錶修理業務興盛，
老闆鍾勝彥有錢有閒，嗜好打獵，我記憶中店內擺著綠頭鴨與白天鵝的標本。

⑪大華老街的還山

楊梅大華路上的還山隊伍。
（1941年，吳金淼攝）

吳金榮口述：這是宋增堂的房子（圖右，四連棟二樓房靠左那棟），旁邊這些矮房子現在都換成高樓大廈了，對面邊就是楊梅鎮公所，鎮公所對過去就是大華街，這情形現在完全改變了。在日本時代天皇節還是什麼節，才要掛日本國旗。

　　原來送葬隊伍中，請西樂隊來湊熱鬧是自日本時代就流行，只是無法考證首創者是日本人還是台灣人？當時的西樂隊僅寥寥數人，數十年後「隊」容壯盛，數十位短裙的女子，在總指揮帶隊之下，演奏著不是很整齊的音樂，踏著不很整齊的步伐，卻也添增不少可看性。

　　宋家祖先在乾隆末年就進墾大平山下，日本時代日本政府將頭重溪火車站改設在楊梅，車站附近很快的成為人來人往的宜商之處，不久之後就在此處建了一棟華麗的洋樓。宋增堂藥局歷史非常悠久，我小時家裡正廳牆壁上除了掛定時補換的常用藥袋之外，一些較少用的藥，父親都到該藥店購買。

　　拍照當時，道路還未鋪柏油，照片右後方是輕便車車站，也是貨物集散中心。

⑫ 光復後老街的還山

大華老街上的出殯隊伍,當時路面尚未鋪上柏油。(1949年,吳金淼攝)

吳金榮口述:這是還山隊伍,走在大華街頭前、謝源水的樓角,這個樓現在也沒有了。這是用十六個人「抬重」,後面穿孝服的是孝子,右邊是培達醫院——黃阿葉的醫生館,對面是張福醮的家。

　　「抬重」(抬棺)分成八人、十二人、十六人、三十二人四種,人數越多表示喪禮越隆重。尤其高齡而且是大家族的往生者,上好的棺木其重無比,也需要較多的宗親來抬重。前來抬重的人一定要「宗親」才可以,外姓人士不行,這種習俗就發展成喪事幾乎都由宗親會把持的主要原因。喪禮的最高潮是出殯當天,臨時搭在喪家旁棚子底下的靈堂,此時變成宗親會的表演舞台,如出席的人數與身分、輓聯的多少以及送輓聯人的身分、來致悼詞者又會是哪方人物?這些都是人們用來檢視喪家的社經地位。有些喪家就會請來照相師傅拍攝,以表示他們對喪事的重視,吳金淼也因而留下許多喪事影像。培達醫院並未出現在照片中,應該是位在拍照者的右後方;而張福醮老鎮長的家,在畫面中洋式二樓最右邊那棟。經過一甲子,這些影像已從家族重視喪儀的意義,演變成楊梅地景環境變化的重要紀錄。

⑬ 老街半日本式的還山

享壽八十七歲的吳媽還山隊伍，此時路面已經鋪上柏油了。（1952年，吳金淼攝）

吳金榮口述：這裡是老街，是我叫伯母的吳媽劉大孺人還山時的情況，在張福醮先生居住的房子前面，日本時代留下的老房子與老路，沒有多大條。還山時小朋友拿著小花圈，棺木在這裡停頓把酒的情形，這是民國41年光復後的事情，不過這個形式還是半日本式的，在日本時代也是有用這種方式。

吳金榮所謂「這個形式還是半日本式的」，可能會引起誤解，應該是指這種「還山」的樣式還保留些許日本人引進台灣的習俗，例如：那些大大小小的花圈。而在送葬隊伍前端，打著赤腳手持花圈的這群孩子並不是遺族，他們是來賺零用錢的——這也是日本時代的習俗。

源自台灣古老傳統的主要習俗如：棺木停下再出發前要「把酒」（灑米酒）；過橋時不但要停棺把酒，也要在橋頭放一疊銀紙，然後對著棺材內的往生者喊：「現在要過橋了！」

此張照片與上一張照片剛好是在大華街的兩端拍攝，組合起楊梅大華老街的當代樣貌。

⑭ 新街的還山

吳金榮口述：這是火車站前的圓環（右下）還山情況。是大成路要轉往新屋的地方，目前這些房子有的拆掉了，剩下兩三間。光復後，我們稱這裡為街，當時房子沒這麼高，還看得到大平山山頭，還山墓地在水尾牌下。

　　火車站圓環是大成路的盡頭，右下方圓環上掛著一塊木牌子，上面寫著「楊梅中學由此進」，如果不了解路線的外人，依指示前進真的會昏倒，先走1公里的大成路，越過省道台一線，經過日本時代的宿舍區，沿路再走近500公尺，才可到達楊梅中學。1953年梅中創校五年，好口碑也逐漸傳開，成為南桃園初中四校聯招的第一志願，外地搭火車通學的優秀同學，每天必須來回走3公里。

　　同學們記憶深刻的是下雨天時，走在左方長廊的店亭（客語的騎樓）下，連續近1公里不用淋雨。當時老街還保持原樣，火車站也還是日本時代建的木造結構，是七十歲以上楊梅人的共同記憶。相對於大華、復華兩條老街因拓寬而拆除許多店面，大成路新街的變化總是在不知不覺中，照片右方的洋樓立面，至今還有三家保留原樣。原來寬廣的街道，也隨著我的成長，而逐漸感到越來越窄。

⑮ 老火車站前的還山安著

尹媽王孺人研妹
民國44年1月14日移靈楊梅站安著

　　前一張吳媽還山（p.198），拍攝位置在火車站與新街間的圓環左側，相隔不到一年半，這張尹媽移靈照，拍攝位置在圓環右側，兩張照片組合了火車站全貌。這張照片寫著「移靈楊梅站安著」，「安著」是客語發音，意指在楊梅站前整理好移靈隊伍，要繼續進行前往塚埔了。

　　楊梅火車站前的廣場一直以來都是楊梅街人活動時的集合點，這張拍攝於1955年的照片，車站站體還是1929年建的日式建築，相當優美。

　　火車站於1968年改建，改建前木造的結構我還依稀保留著一些印象，例如長條形木製椅子、木頭剪票柵口。那次的改建還保留了站前廣場，但是年紀漸長，就不曾注意此廣場是否還有以賣藥為主的「撮把戲」，倒是記得1994年護樹護廟的大遊行就是從這個廣場走到錫福宮的。當年「護樹護廟」的遊行隊伍在車站前也「安著」了好久，因等不到自動加入的民眾，二三十人的小型抗議隊伍只好尷尬的出發了。

　　兩個不同時代的站體，兩種記憶，兩種感受。

⑯ 戲院內的告別式

　　左右兩側各站著一位戴著麻冠、手持孝杖，低著頭的遺族，應該是往生者的兒子，如果是長孫也須如此。傳統的喪儀相當繁複，過程我們稱為「做齋」，經過兩天一夜的折騰，終於來到家祭與公祭的時刻，公祭可以說是喪儀的高潮，後代子孫有無成就就看來參加公祭儀式者的身分。

　　讀弔詞的縣長是張芳燮──楊梅中學創校張芳杰校長的同父異母弟弟，曾任華南銀行董事長。當年縣長出席能增加喪家哀榮，如今縣長出席告別式已經不夠看了，能將總統請來才是厲害人物。當時讀弔詞都還是使用客家話，楊梅是海陸腔與四縣腔的客語混合區，因此使用的腔調端看讀弔詞者的習慣。無論使用哪種腔調，讀的時候都像吟唱古詩，當時我很佩服這些長者，覺得他們好厲害啊！

　　這位往生的「吳公竹叅」後裔，有能力將楊梅戲院包場來舉辦「告別式」，在楊梅一定是位響叮噹的人物。「告別式」一詞是日本時代開始用的，但是一般人還是習慣稱告別式、出殯、下葬整個過程為「出山」，「還山」則專指出殯與送葬的過程。

⑰ 楊梅鎮公所前方的還山

此時楊梅街路樣貌還保
持著日本時代的樣貌。
（1958年，吳金淼攝）

家慈黃媽姜太孺人還山記念民國四十七年農四月十二日

　　最右端那棟為楊梅鎮公所，是楊梅大成路的起點（大成路2號），而楊梅火車
站則是楊梅大成路的終點（大成路256號），兩者相距1公里。

　　鎮公所後方那排街屋處則是大華街，劉銘傳時代建的鐵路經過鎮公所，鐵路西
移之後，此地成為公有地，公所的正對面為第二市場。

　　面對鎮公所左側的幾棟街屋就是「大華老街的還山」（p.195）那張照片拍攝的
地點，拍照時無意中記錄下楊梅街路原貌，如果此張照片沒有寫上「民國47年」，
我絕對無法相信此時的楊梅街是這個樣子。是啊！隔年我就上小學了，每天都會經
過大成路，偶爾也會獨自到街上逛逛，唉！完全沒這種印象。

　　1941年到1958年，楊梅街路及街屋都還保持日本時代的樣貌，十七年之間沒
有任何人改建或新建房屋，這說明了：經過時代的動盪，整個社會失去的動能尚未
恢復，資金極為匱乏。拍照時在鎮公所服務的家父，月薪七百多元台幣，你問我當
時日子會難過嗎？哪會！大家都過得差不多，吃得飽、穿得暖、有地方住，哪知道
日子苦不苦，沒有比較，沒有傷害。

⑱六〇年代的楊梅新街還山

喪家隊伍從楊梅火車站前的新街（大成路），轉入武營街。（1961年，吳金淼攝）

　　照片中，右側遠方道路盡頭的火車站還是日本時代（1929）改建的樣式，大成路上幾乎沒什麼車子，楊梅戲院也還在營業。這張照片可以將我上張（p.201）提到的「十七年之間沒有任何人改建或新建房屋」，改為「二十年」。這時我已經念國校三年級，活動範圍遍及整條街路，左邊隊伍轉彎處的那棵樹，我依稀還記得樹下有個防空洞，位置剛好被抬著的棺材擋住，此處到街底端的火車站約800公尺，應該就在這個階段，楊梅主要的商業區已轉移到這800公尺的兩側。

　　1970年鄭煥生寫了一本《春滿八仙街》長篇小說，內容以楊梅老街與新街之間地方人士從衝突到和解的過程。老八仙街的範圍在鎮公所到市場、錫福宮一帶；新八仙街就是畫面中的800公尺，兩個區域以T字形呈現。

　　這張李金益先生還山的照片足以證明「還山是展現喪家哀榮的時刻」。李金益曾任日本時代的楊梅庄長，在地方上是一位非常有名望的人。他的住家位於武營街旁巷子，這送葬隊伍正要從新街（大成路），轉入武營街，因此可以斷定送葬隊伍的路線從喪宅經梅山西街（原輕便車道）、大模路、楊新路，經火車站前走大成路，繞一大圈之後就前往墓地了。

⑲ 楊梅首富的還山

黃榮盛曾經是楊梅首富，其
還山隊伍相當壯觀。（1963
年，吳金淼攝）

顯老黃公韓榮享壽七十三歲還山誌念
念誌山還歲三十七壽享榮韓公黃老顯
民國五十二年六月廿卅日農曆五月十日

這張照片更誇張，黃榮盛一個以買賣回收物起家，之後曾經成為楊梅首富，
1957年他的母親「黃媽番妹九旬晉一舉行敬老會紀念」（p.185），免費請七十歲以
上的人赴宴，宴會後還送每位來賓紅包表示祝福，而傳為佳話。

他在縱貫路旁，今東電化（TDK）公司對面一帶開了間羽絨再製工廠，因此送
葬隊伍是從工廠出發，走了約1公里來到楊梅派出所前方轉入楊梅大成路，當時的
派出所是日本時代建的，還沒改建，左邊的空地是後來的中油加油站。最前方由西
樂隊引導，跟著四輛三輪車的第一輛是載往生者的靈位，三輪車後方的靈車則是由
載貨的三輪機車來擔綱，應該是擔心抬重（抬棺）的宗親要走4公里多到水尾牌下
墓地，路途遙遠而吃不消。

看習慣目前火葬喪禮的年輕人可能會產生疑問，難道當時都是土葬嗎？的確，
那個時代因為楊梅沒有火葬場，所以無法舉辦火葬，甚至整個桃園連殯儀館都沒
有，因此在家前搭棚子辦喪事是理所當然的，沒有人敢抱怨。

挑選出來的吳金淼兄弟拍攝的還山照片，六七十年前的楊梅主要街道印象可以
完美的拼接起來，也完整呈現日本時代到1960年代的楊梅樣貌。

⑳ 金斗甕

　　美麗的吳明珠穿著相當正式，像是要遠行出遊。清明掛紙掃墓要家族到齊才可以開始祭拜，照片中只有兩副的牲儀也透露出吳家的人丁並不旺盛，不過吳金淼還是扛來大相機，記錄下這一年一度家族重要的日子。

　　在還沒流行建祖塔的年代，先人入土七年之後就有開棺撿骨的習俗，由「撿骨師」將遺骸骨放入金斗甕，從腿骨到顱骨都有一定的擺法。「金斗甕」為高度約60公分、口寬30公分的圓形甕，放置方式如照片中所示，有時也會數個金斗甕集中放置一起。

　　約1970年代流行建祖塔之後，金斗甕就集中安置於塔內，因此小時鄉間隨處可見金斗甕的情形已經很少見了。祖先遺骸要請進祖塔，有一定的程序與時間：程序一撿骨：下葬後至少三至五年，挖開墳塚，將遺骸放入「金斗甕」。程序二進塔：金斗甕要請進塔中，必須先請風水師選擇吉時，之後挖開以水泥封閉的塔門，請進金斗甕，先祖就安息塔中。

㉑ 祖塔落成

　　建祖塔收集先祖遺骸的習俗並非「客家」流傳久遠的風俗，許多有關客家習俗的介紹中常出現錯誤的描述，我以個人經驗來談談客家人的祖塔文化。

　　1999年，我到達來台祖先的出生地——廣東陸豐大造洋，拍攝電視節目之餘，也趁機去祭掃來台祖父母的墳塚。當地的塚埔，並沒有出現「祖塔」建築，每位先祖都長眠在初葬處，後人只進行祭掃與修繕。

　　台灣客家人建祖塔習俗則流行於1970年代前後，至於何時開始？雖然在吳金淼的紀錄中可以追溯得更早些，但在此之前並不多見。而且建造祖塔的習俗也只流行在桃、竹、苗一帶的客家人，台中東勢與南部六堆地區在我拍攝公視節目時（1990年代）還不曾見過，聽說當地流行將金斗甕集中再埋起來的二次葬。

　　北部客家人建祖塔，既非祖傳習俗，那又如何興起的？依據我的田野訪問，原因可以歸納於下：先祖移民來到台灣之後，並非立即能找到生根之處，很多不幸的往生者就近安葬。於是，先祖墳塚可能分布好多處，清明祭掃不便，當有人發現「建祖塔集中遺骸」這個好點子時，其他人便跟進而形成地區的特殊文化。

㉒ 蔣介石八十華誕在楊梅

　　1974年以前，每年10月31日「蔣公華誕日」，電視幾乎整天播放有關「蔣公」偉大的事蹟，而且全國放假一天。台北街頭有大花車遊行；楊梅街頭則是小花車遊街，車子大小與裝扮得美不美並不重要，重要的是有沒有表現出對偉大領袖的效忠，才不會有人上門關心，各公司就能安心做生意。

　　楊梅街頭在1974年10月出現「慶祝蔣公萬壽無疆　普天同慶」的花車遊街畫面，沒想到隔年4月5日，就傳出「蔣公逝世」的消息。記得當時社會上「舉國同悲」，報紙不能有彩色版、街道上五光十色的霓虹燈不能亮。

　　1975年4月到台北國父紀念館「瞻仰遺容」成為全國最熱門的事情，接連好多天，數公里長的隊伍環繞著國父紀念館，要排上四個小時以上的隊伍，才得以進入，每個人都露出莊嚴的哀傷表情，以表現心中的「不捨」。

　　或許有人會問：「你有沒有去瞻仰遺容？」是的，我就是排了四個小時才得以進入國父紀念館的人之一。

㉓ 公所內的蔣介石靈堂

楊梅鎮公所內設置蔣介石「靈堂」
供民眾弔祭，這位阿伯還戴著
「孝」。（1975年，吳金榮攝）

除了將蔣介石的遺像供在鎮公所內，還將他放到錫福宮的神桌上祭拜。現在看起來非常不協調，甚至感到荒謬，但是在那個戒嚴的時代，大家的腦袋瓜被洗得清潔溜溜，一致認為「蔣公」是中華民族的救星；是國家的掌舵者；就應該像神一樣被祭拜。是的！他的偉大超過了眾神。

走過了世界最長時間的戒嚴時代，解嚴至今雖然已經三十幾年了，但是老一輩思想的桎梏至今還是沒有完全解開，都還有學生和校方爭論校園內那尊千篇一律的蔣介石雕像是否該移除。

目前蔣介石對台灣的功過可以很公開的討論，蔣介石的雕像問題，就讓下一代人來解決。

錫福宮內的蔣介石遺像與和尚誦經。（1975年，吳金榮攝）

第十一章
錫福宮影像紀事

　　1948年錫福宮重建，吳金淼拍了一張「正殿昇樑記念」；2014年我拍了錫福宮廟身前方的四根龍柱立柱工程照片，火災後重建的錫福宮只存在一個多甲子，實在是太短暫。一間這麼重要的地方信仰中心，還好有吳氏兄弟的拍攝，而留下了地方共同的記憶。其中最精彩的是1969那一年義民節的奉飯。我記憶深刻，在輪到奉飯的時間，我協助家裡挑著豐盛的飯菜去廟裡，因此也看了照片中相同的場景。看著照片，想到我當時不知天高地厚，對信眾精心裝飾、誠心誠意要奉獻給義民爺的佳餚，隨意品頭論足，頗感慚愧。如今看到吳金淼精心裝飾、非常具有藝術感的「奉飯」，除了慚愧，也感到驚訝。

　　我之所以動筆寫這本書，肇因於錫福宮的護樹護廟運動所引發的後續影響。有關這個事件的過程與影響，將於〈後記〉詳述。在此章我將吳氏兄弟拍攝錫福宮相關的照片依時序整理，可以看到一座廟宇的重生過程，以及人們如何讓廟宇承續傳統，維持信仰圈的運作。

首先，從楊梅的開發與錫福宮的關係做個簡單的介紹：

乾隆初年，廣東陸豐與四縣地區大量移民到此地，沿著社子溪進入楊梅壢谷地開墾的漢人，破壞了原住民族人的獵場，於是紛爭不斷，傷亡事件經常發生。到了乾隆26年（1761），在清朝政府的主導之下，開挖了土牛溝這條族群活動的界線，也在界線附近設立隘寮，雇隘丁來守隘，管理這條族群界線。但是守隘的隘丁不但沒盡責，甚至加入盜墾行列。一直到了乾隆49年（1784），官方不得已開放了楊梅的墾照，於是由地方人士組成了「諸協和」墾號，以合法的方式進墾。

為了祈求境內平安，而奉祀土地伯公。然後由諸協和墾戶與先民鍾朝和、溫廷協捐伯公田以及伯公地。問題就出在這片伯公地，是一塊千餘坪的小土丘，上面長著十幾棵數百年的大樹，楊梅人都稱它為「伯公山」，與其說它是山，不如說是公園較為精準。這個充滿綠意的小土丘，距離武營街路面高度不到3公尺，因為靠近楊梅的老街，一、兩百年來都是附近居民最重要的休閒場所。

錫福宮奉祀的主神為三官大帝，被稱為「錫福宮」是因為原先在老街上奉祀三官大帝的廟身太過於狹小，而老街又沒有再拓展的空間，於是居民們就決定向附近的伯公借地蓋一座大廟，傳說為了對福德伯公表達感謝之意，就命名為「錫福宮」，「錫福」二字也就是客家話「惜福」的諧音。事實上「錫福」二字來自「錫祚自天」，意即賜福自天。

⑴日本時代建戲台

錫福宮戲台興建時後方只有一棟矮房，廟前視野可及對面的長崗嶺山。（1936年，吳金淼攝）

吳金榮口述：這是日本時代（1936）在錫福宮面前建戲台，到去年（1994）為止建好五十九年就被拆掉，好可惜，因為錫福宮重建委員會想要重建錫福宮，改蓋高樓大廈像大佛寺的型式。當年建戲台時廟前還有空地，由莊永鑑先生包下工程，完全都是人工挑紅毛泥（水泥）去灌漿，那時這裡是菜園，周圍都還沒有建築物。

　　當初諸協和墾號捐出伯公山建小伯公壇，的確沒預料到在老市集的三官大帝廟會因為空間狹小與破舊而遷移到伯公山這側，1911年開工興建新廟，到1916年完工，主神三官大帝登龕。同時將廟後方的「楊梅壢庄伯公」請入廟內合祀。

　　但是當初捐出的土地並無包括廟埕前方邊緣，後來雖然建了戲台，但戲台後方的菜園卻被地主賣給他人蓋住家，也因此造成錫福宮老廟被建築物包圍的狀況。

　　建這個戲台時，日本治台滿四十年，社會趨於安定，錫福宮也已經有了二十年歷史，由於香火鼎盛，經常有大型祭儀，需要演戲酬神，於是興建此戲台。

02 正殿昇樑紀念

錫福宮於1943年遭到祝融，1948
年重建，遂拍此正殿昇樑紀念
照。（1948年，吳金淼攝）

吳金榮口述：這些老牆壁是錫福宮於民國元年（1912）搭建的，到了民國32年
（1943），因為皇民化運動，神廟、神明通通都被廢除，神明就移到了台北水源
地佛堂安頓、奉祀。當時所有的廟內都放置禾稈，禾稈是用來編製裝木炭用的禾
稈袋，因戰時常用木炭，是以相思樹砍掉燒成炭的。民國32年廟突然發生火災，
當時楊梅的消防車是用人力壓水的，水溝內垃圾塞得滿滿的，沒什麼水，根本沒
有辦法救火，於是廟就燒光光了。照片中是民國37年光復後建後殿（正殿）上樑
的時候，兩邊是前殿的老牆壁。看到的樹木就是伯公山的老樹，這棵（左二）就
是樟樹，在去年（1994）差點被廢掉。

　　根據《話我家鄉楊梅壢》書中提到：「昭和16年（1941）太平洋戰事一起，日
人為加緊同化台人，進行皇民化運動，不許台人祭拜傳統之神，此廟被廢而成為日
人製作軍用草繩草袋的工廠，但神像於事先請至台北水源地佛堂避難。翌年，一場
無名火，廟竟付之一炬。」（張蘭嬌，P.93）此說法與吳金榮的敘述在時間上有落差，
但皇民化時神明被安置於台北則是說法一致。

⑬ 黨國元老鄒魯到訪

錫福宮前的黨國元老鄒魯
與楊梅的仕紳們合影。
（1950年，吳金淼攝）

吳金榮口述：民國37年（1948）錫福宮蓋後殿，到民國39年（1950）還沒蓋好，當時黨國元老鄒魯先生到楊梅來，順便過來參觀。這個是他坐的黃包車，以前最漂亮的包車，圓頭的。這個穿黑衣服拿扇子的就是鄒魯先生，張永鏡、謝源水、王永鑑、周東郎、張福醮、劉阿圳、黃阿葉，以及重建委員鍾和桂先生，還有李金益、尹德財，以及黃阿榜──這些是楊梅所有的有志人士。

　　鄒魯旁的是其夫人與綁著辮子的女兒，這三人我沒興趣，倒是對站在身邊的楊梅仕紳感到好奇。我將照片放大後一一檢視，發現黃阿葉醫師（後排站立，穿黑西裝者右二）竟然滿臉鬍渣、圓形的眼鏡，頗有文青貌，我對他的印象是拍這張照片十年之後──一個嚴肅的醫生，但對窮人醫費打折，急病會深夜出診，口碑相當好的楊梅名醫。我的中學校長張芳杰，站在戴大盤帽後方那位，當時正盡全力建校，楊梅中學與錫福宮都是1948年開始興建，當年建校地方要負責一半費用，在張芳杰校長帶領以及吳金榮口中「楊梅所有的有志人士」共同努力下，開展了楊梅中學教育的第一步。原來楊梅中學的建立與錫福宮重建都是同一批人共同努力的成果。

⑭ 神位登龕

民國39年慶祝三官大帝神位登龕。（1950年，吳金淼攝）

吳金榮口述：錫福宮在民國37年（1948）開始蓋，39年（1950）後殿蓋好就先登龕，三界爺登龕的時候，木工團敬奉紅枋塔，塔好幾丈高，木工團又叫作「巧聖先師班」。在祭拜的時候有搭棚子。樹還是一樣這麼漂亮，這棵（圖左）就是差點被砍掉的樟樹。

　　1995年訪問過程中，吳金榮好多次不自覺地提到：「樹還是一樣這麼漂亮，這棵就是差點被砍掉的樟樹。」

　　所謂「前殿」就是錫福宮建好之後進出口的大門，「後殿」才是奉祀神明的地方，因此「後殿」完工，表示奉祀神明的神龕已經完成，可以請神明上座，不用再擠在矮小的臨時小屋——紅壇。從紅壇將神位請到廟內神龕，就稱為「登龕」，巧聖先師木工團敬奉近10公尺高的紅枋塔，紅枋塔中間貼的紙條寫著：「公賞奇加紅枋 台幣壹百貳十元正 賞奇桃紅枋台幣三十元正 鍾和桂。」搭白布棚的位置就是即將要建前殿的地方，兩扇額壁還是火災過後的樣子，再往兩側看，1911年的廟身相當簡陋，屋瓦上還放上磚塊來防風，避免瓦片被風吹落。

ⓞ⑤ 前殿昇樑

錫福宮於前殿上樑時，負責人與重建委員一起合影。（1952年，吳金淼攝）

吳金榮口述：民國41年（1952）時後殿蓋好了，三元三品三官大帝神位也登龕進去了，接著蓋前殿，這是民國41年前殿上樑的情況，所有負責人、重建委員等一起合照。這是我哥拍的，後面是伯公山兩百多年的樹，站在前面的是鍾和桂先生（站立左三）、張福醮（鍾和桂旁，穿西裝打領帶者）、王榮鑑……。

　　後殿完成後，開始進行前殿工程。兩側被祝融半毀的牆壁以及簡陋的房子也拆除重建，此時開工重建已過了四年，過程中應該是一面募款一面興建的。上樑儀式在中國古代它所包含的重要目的為驅邪消災，因為建築物裡將來不只有各種神祇，還會有許多人來到此地，因此人們在建房的過程會舉行各種祭祀儀式，來安撫、拜謝神祇，驅除一切妖魔鬼怪，以求吉利，上樑儀式便是其中之一。另外最重要的就是房屋或建物完成後，神位登龕前的安龍謝土儀式。此時的祭品並不多，除了簡單的牲儀，大部分都是湯圓，代表期待工程圓滿，兩個木匠用的墨斗也列於祭品旁，還慎重的插上一炷香，以表示對魯班的敬重。

⑥ 閹雞比賽

閹雞比賽是客家特有習俗，一般於正月半的比賽最為慎重。
（1958年，吳金淼攝）

正月半，也就是上元節，各地方都會舉辦活動，如鹽水的蜂炮、東勢的大粄祭，而楊梅的閹雞賽，至今也仍持續進行。閹雞舉辦的地區全部都與北部客家庄有關，包含花東的北部客家人二次移民區。

「閹雞」想當然爾指的是「被閹過的雞」，當小雄雞正要進入青春期時，便找來閹雞師傅，在雞翅膀下方挖個小洞，然後用小銅管內放棕梠絲，套抽出雞的睪丸，此後這隻閹雞就不會再想做那檔事了，專心的努力吃飽，而長得特別大。為何要用棕梠絲呢？因為棕梠絲具有澀性不滑，利於「割下」雞睪丸。

小時候看到閹雞師傅到家來，我一定乖乖地蹲在旁邊，等閹完了雞，臉盆裡頭那一顆顆「雞核卵」（睪丸），至今還懷念那美味。照片中閹雞的重量15台斤15兩，得到特等獎，也得到許多賞金。比賽賞金最高為六十元，四十元的最多，也有二十元的。其實這個數目的賞金並不低，當時一般公務人員月薪為七百多元，教師大約六百多元，一般工人辛苦做一天的工作，也不過三十元左右。得獎者：張永箱先生，恭喜他！

⑦義民祭迎神

這一年的義民輪值祭典輪到楊梅，前兩個月就要迎接義民爺到楊梅來。（1969年，吳金榮攝）

　　乾隆51年（1789）台灣發生了驚天動地的林爽文事件，林爽文打著反清復明的旗號，從中部起事，分成南北兩路軍。為了補充糧食而到處「燒殺擄掠」，原來的「正義之師」變成了人們的極大災難。為了生存，竹塹地區的人們組成了自衛部隊，與之抗衡，過程雖然慘烈，卻因此擊潰了林爽文部隊。戰爭結束後，人們將這些戰死者遺骸集中埋葬於今新竹縣新埔鎮枋寮義民廟後方，乾隆皇帝對戰死之士敕封為「褒忠」，埋骨前方的廟宇則稱為「褒忠義民廟」。

　　逐漸的「褒忠義民廟」成為桃、竹地區客家人的重要信仰中心。隨著信仰圈的擴大，也發展出圈內「輪祀」的習俗。這個輪祀信仰圈的形成很有意思：如桃園觀音鄉雖遠離義民廟，但是也加入了義民輪值祭祀；而與新埔只有一山之隔的龍潭鄉，大部分地區卻都沒有加入祭祀圈。這又要如何解釋？

　　觀音鄉是海陸腔客語區，龍潭鄉是四縣腔客語區，而楊梅壢內，海陸、四縣兩種腔調各佔一半，因此大家就「隨眾」，但是其中關鍵還是「社會群體」的共同認知。

⑧ 義民爺遊街

迎駕義民爺車隊回到楊梅後繞
行大華路老街。（1969年，吳
金榮攝）

　　照片中金勝發餅店、增壽堂藥局、右邊的鎮公所，以及右後方的衛生所，我
都還印象深刻。會特別介紹衛生所，倒不是被打針的記憶，而是鄭煥生的長篇小說
《土牛溝傳奇》的這段文字：「老街火車頭就在老街的起頭那一段，要登上十來級
台階才能走到候車室。這個衛生所就位於老街火車頭候車室的前方，後來因為老街
發展起來，衛生所那塊地就成為輕便車站楊梅總站，附近也就成為貨物的集散中心
了。」（鄭煥生b，p.63）

　　時間再往前推，1899年日本政府將劉銘傳設於頭重溪的火車站遷移到此處，因
而造成楊梅大華路老街的興起，增壽堂藥局那幾棟華麗的洋樓建築，見證了大華路
老街的風光時代。

　　清同治年間，先民在今日的武營街與大華街交會處興建了一座三官大帝廟，加
上官道在此經過，有了武營兵力的守護，而逐漸形成市集。終於兩端連結在一起，
形成了大華老街的雛型。

⑨ 喜洋哥的紅飯塔

前導車擴音喇叭上寫著「楊梅金星唱片行」，是當時楊梅最具規模的唱片行。（1969年，吳金榮攝）

吳金榮口述：這是民國58年(1969)枋寮義民廟的義民節，十四大庄輪流輪到楊梅。那次十四大庄中楊梅最出風頭，中元前幾個月義民爺就被請到錫福宮本廟，犒軍時用碗裝菜還不夠，最後還弄成雞棧！那時候楊梅有八個里，每里每一個鄰輪一天奉飯，再輪到就要一個多月後，所以輪到的都辦得很像樣。這是新街喜洋哥(騎車載紅飯塔那位)輪到他這鄰的日子，每天大概12點半到1點多就要出發去佔位子，太慢去的話就沒地方可以放。照片中是在金淼照相館前，經過大華街去錫福宮中途所拍的情況。喜洋哥做的紅飯棧搭到好幾丈高，這是奉飯隊伍的前頭。

　　奉飯，我們習慣稱為「挑飯」，因十四年才輪到一次，所以輪到奉飯當天，民眾都準備豐盛的菜餚去犒賞衛鄉衛民而犧牲的義民軍。當時因為前來湊熱鬧者眾，奉飯者難免產生競爭心態，於是極盡巧思，以表現誠意也爭取面子。那一年的義民節奉飯我印象最深刻的除了高高的雞棧（p.220）、紅板棧，還有那條活生生的大鱸魚（p.223），不知是誰突發奇想，弄了一條大魚去祭拜，現場的確吸引了許多人的目光。

⑩挑飯行列

義民爺挑飯隊伍。（1969年，吳金榮攝）

吳金榮口述：這是喜洋哥（最前方）當鄰長帶頭奉飯的情況，每個人都挑著東西，雞肉盤有剁好的，也有整隻的，還有用龍蝦。祭拜了之後才請客人吃，每家每戶對義民爺都這麼熱心，幾乎每一個人時間一到，下午1點多的時候，就要到廟裡去看看人家的擺設，等下次輪到自己時，就知道該如何變化，有什麼可以學習的，是用這樣的心情去看。這裡是快到錫福宮的地方。

　　喜洋哥一馬當先，騎著機動三輪車，車上演奏的八音增加了不少喜慶的歡樂氣氛，當時奉飯的祭品都是用挑或抬著前往錫福宮。

　　車後方兩人抬著的容器稱為「檻」（客家音ㄔㄤ），專門用於祭拜時放置祭品；後方婦人挑的竹籮，也是用於挑祭品與食物，例如挑點心到田間等。若是挑穀子等農作物的籮筐，則造型較為粗糙。

　　拍照的位置在金淼照相舘（右側）的前面。

⓫ 大閹雞棧

為避免雞棧勾到電線，需有人幫忙拿竹竿將電線撐高。（1969年，吳金榮攝）

吳金榮口述：這是用雞搭的「雞棧」。輪到的每個鄰都會弄有特色的東西，這是由鄰裡的每戶人家捐出一隻雞，吊掛在一個竹架子上。這些雞都是活的，不是熟的，普通人的奉飯是用煮過的、熟的東西。但雞棧、鴨棧通通都用活的雞與鴨，用竹篾做一個圓錐形的塔，每隻雞都掛在竹塔上，高度大概有1丈多；用鴨子的比較少，用雞的比較多。

　　將活生生的雞倒掛半天，這些雞要受多大的痛苦啊！現在這樣倒掛動物是違法的，這些雞生不逢時。較少用鴨子的原因，說法很多，我個人認為住街上養雞較方便，養鴨需要水池比較麻煩，所以養的人少。電線像蜘蛛網般的交錯在街路上方，兩個人撐著特別打造的竹竿，努力地將電線撐高，好讓雞棧塔順利通過。載雞棧的是機車改裝的三輪載貨車。右側的培達醫院是光復後改建的，與對面日本時代的洋樓式建築形成鮮明對比——這時的老街就是我記憶中的情形。

⑫錫福宮前的雞棧

奉飯時除了準備美食，也供
奉各種祭品堆高的「棧」。
（1969年，吳金榮攝）

吳金榮口述：這是民國58年義民節奉飯的場景，這雞棧的雞，疊到很擠，可能需要好幾百隻來搭建，就為了義民爺被請到錫福宮過義民節。另外爐主頭準備的比較大隻的豬，就要送到義民廟的本廟。而義民爺在楊梅本地的廟時只舉行奉飯，到義民節當天才殺神豬。那時這間廟還沒有這麼完整、漂亮，現在樣貌是民國61年圓醮的時候再整頓的，前面加上三官大帝、燕尾加上天女散花。

建廟到現在（1995）四十七年，去年的重建委員還想拆掉這座重建。就比如楊梅有位婦女，這個人年齡九十幾歲了，民國元年蓋廟她知道；民國32年廟發生火災，她也知道；之後民國37年第二次建廟，她也看到。如果民國83年再次建廟，她一個人要看這廟興建三次，一間廟竟然沒有一個人這麼長壽！廟實在是越久越好，重建委員是怎樣的想法我們也不知道，去年（1994）好在有外地的這些年輕人救了伯公山、伯公樹，廟到現在比較穩定下來，沒有被廢掉。

　　「一間廟竟然沒有一個人這麼長壽，重建委員是怎樣的想法我們也不知道」，其實吳金榮心裡有數，只是不方便直說。前一年（1994），我和吳金榮一起看神明出火儀式，他告訴我有隻烏鶖站在燕尾上，我要攝影師拍下。看此照片已事隔一年，老人家還記得燕尾上的烏鶖，顯見對此廟用情很深。

⑬ 義民節奉飯

奉飯與三山國王廟的「犒軍」意義相同，犒賞辛苦的義民軍部隊。祭拜內容不需要如傳統牲儀的刻板，各式各樣的祭品都可以，因此發展出「奉飯美學」。圖為錫福宮義民節奉飯「天官賜福財」。（1969年，吳金榮攝）

吳金淼參加奉飯的作品「松鶴延年」，雙鶴從外觀、姿態以及陪襯的松枝，幾乎近於完美的創造了意境。（1969年，吳金榮攝）

　　錫福宮火災後重建從1948年開始，至1972年才完成。因此，1969年的義民節輪到楊梅信仰圈時，錫福宮並未真正的完工。1969年在義民節前兩個月，楊梅人就將義民爺神位從新埔本廟請過來，之後錫福宮幾乎每天都擠滿信眾，一方面義民爺難得來到楊梅，前往燒個香祈求庇佑，更重要的是中午時分錫福宮內成了美食的秀場。

　　這時的錫福宮屋頂還顯得簡樸；待1972年「還醮尾」時，錫福宮已經將各種古老傳說與人物栩栩如生的裝置在屋頂，於是錫福宮廟頂有「屋頂的戲台」之稱。義民節奉飯長達兩個月，期間到錫福宮逛逛的確有趣，從廟前超過10公尺高度以雞堆成的「雞棧」，到廟內極盡巧思裝扮的各種豐盛美食，都吸引著每個人的目光；同時廟的戲台幾乎天天都有客家大戲演出。畢竟在1970年代，台灣物質貧乏，所有的樂趣都要自己找，只要哪裡做熱鬧、人多，大家就往那裡擠。

　　吳金淼兄弟也沒有在這段重要的日子裡缺席，除了吳金榮幾乎天天拿著相機到錫福宮拍攝，留下數百張珍貴的飲食文化照片；哥哥金淼此時已將攝影的重責大任交給弟弟，自己則較有餘裕進行創作，除了那段時間楊梅的花車比賽外，他在義民節奉飯的過程中，也盡情的享受創作的樂趣。

　　吳金榮拍攝這些照片時，我父親已過世近一年，因此到錫福宮向義民爺奉飯都是我和弟弟的工作，在六十天奉飯期間，有好幾次執行此項任務，那條活生生的大鱸魚就是我隔壁鄰居的傑作，同一天奉飯，才有機會目睹。

奉飯中的活鱸魚剛好是做成活魚八吃的大小。我這樣介紹，不知道是否會冒犯到義民爺？（1969年，吳金榮攝）

⑭ 祈福戲「擺仙」

楊梅錫福宮戲台正在演出擺仙戲。（1969年，吳金榮攝）

吳金榮口述：這是廟前民國82年5月被拆掉的老戲台，去年（1994）護樹護廟之時五十九歲，今年算進去就六十歲了，現在面目全非，這是在錫福宮前面演出廟戲。

　　擺仙也有人稱為「扮仙」，一般在客家大戲正式演出之前都會演出祈福的擺仙戲。我個人看過最多的是「天官賜福」與「醉八仙」。擺仙之後，把場子弄熱了，觀眾的心也熱了，好戲接著開鑼。在奉飯的這段時間，每個鄰都會請戲班子來表演，讓義民爺有吃又有得看，因此幾乎天天都有大戲的演出，輸人不輸陣嘛。

　　看著當時的畫面，想著祖父在世時，每逢大廟（錫福宮）做大戲時，都會給每個孫子兩塊錢，因此我和大戲的連結是在各種零食之上，至於舞台上演什麼，我不知道，只記得戲台前擠滿了不少人。現今大戲演出時幾乎無觀眾，不知是時代淘汰了大戲，還是大戲淘汰了時代？

　　此時戲台後方的菜園已經都改建成房子，因為只是單層的瓦房，在視覺上尚未造成干擾與妨礙，但是隨著居民改善居住空間，這些單層房屋不約而同的改建為樓房時，不但遮掉了神明的視野，也擋掉了瑞氣，於是錫福宮風水不好會影響楊梅人運勢的說法逐漸傳開，最後也成為錫福宮被拆除改建的原因之一。

⑮ 放水燈

洽漥潭放水燈，邀請水中孤魂參加
普渡。（1969年，吳金榮攝）

洽漥潭放水燈，邀請水中孤魂參加
普渡。（1969年，吳金榮攝）

　　1969年農曆7月20日，義民節當天下午，祭典區的民眾會拿著水燈到水尾的洽
漥潭施放，漂浮的水燈藉著流水，邀請水中孤魂來參加義民節普渡，共享盛宴。

　　當時義民祭典，幾乎每家每戶都還保有殺大豬敬獻義民爺的習俗，殺豬敬神是
漢民族對神的最高敬意，因此十四年（1976年將新屋與觀音分開各成一個祭典區，
成為十五祭典區）才輪到一次的祭典，所有信眾都不敢怠慢。

　　洽漥潭，曾經是楊梅人的戲水場，1937年吳金淼在此拍下「洽漥潭戲水照」，
就是他利用此地指導十三歲的吳金榮拍照。這一帶稱為水尾，楊梅兩大水系：老坑
溪與楊梅溪在此會合，水匯流處客家話稱為「洽」，此處有一個深潭，合起來稱
「洽漥潭」。

　　我小時候的第一堂游泳課就是在此處上的，大約在1960年代，與吳金淼在此地
戲水已隔二十幾年，當時家父也替我們留下「洽漥潭戲水圖」，洽漥潭應該承載著
幾個世代楊梅人的共同記憶與連結。

⑯ 義民節普渡

金淼照相館的神豬敬獻。
（1969年，吳金榮攝）

　　吳金淼兄弟家雖然人丁單薄，義民節也不落人後的殺了一條大豬公，來參加普渡祭典，因為這條豬不是參賽等級的大神豬，因此只簡單的放在豬羊架上，在路邊普渡祭拜。

　　照片裡隱約可看到黑壓壓的一群人，都是前來參加義民節的吃客，有人因為在楊梅同時擁有多位親朋好友，只好輪流到訪，於是宴席從天快黑的6點開始，到接近深夜的10點多，待人群散去交通較為順暢，已是午夜12時以後了。

　　記得小時候每到農曆7月20日前兩三天，母親都會交代我將平日很少用到的醃缸洗淨晾乾，因為義民節當天晚上，一直到隔天早上，都會陸續收到輪值區親朋好友送來的「豬公肉」，在冰箱不普及的年代，唯一長期保存的方法，就是將豬肉置於缸內用粗鹽醃起來。醃漬一個月以內的鹹豬肉，燙熟後沾著醋配著大蒜吃，還真的令人回味。

　　十四年累積下來吃了人家這麼多豬肉，輪到自家參與義民祭，哪有不還人情的道理？照片中是金淼兄弟家最後一次殺神豬敬獻義民爺。1983年義民輪值祭祀再度輪到楊梅，雖然食客依舊擠爆了楊梅，但是殺神豬獻祭的人家就少了很多。

⑰ 豪華豬羊架

這頭義民節敬獻的神豬，雖然無法進入前三十名，但是主人還是將牠放在華麗的豬羊架上，來展現誠意與吸引眾人目光。（1969年，吳金榮攝）

　　1998年我正在進行新聞局委託《台灣客家》國際宣傳片的拍攝，於是刻意回到楊梅記錄義民節景象，但是冷清的情形讓我吃了一驚，甚至放棄楊梅的拍攝，改以枋寮義民廟現場為拍攝重點。之後客委會將義民節納入客庄十二大節慶，2013年的義民祭典，又輪到了楊梅，站在改建中的錫福宮面前，我想像1969年吳金榮盡情拍攝奉飯的情景，也想嘗試用那種情緒來拍攝，但是氛圍實在差太多了。

　　或許許多習俗會因時代的變化而改變，我人生中第一次過義民節家裡有殺神豬（1955），當時我只有兩歲沒有記憶；第二次輪到（1969），父親過世不久，家裡沒殺神豬；第三次輪到（1983），楊梅殺神豬的人家已大幅減少，但是食客擠爆楊梅；第四次輪到（1998），我帶著攝影組回鄉記錄，冷清的場面讓我失望地離開；第五次輪到（2013），錫福宮已拆除重建，母親宣布她要進行人生中最後一次的義民節宴客。下一次再輪到，2028年誰知道會如何？

⑱ 圓醮的醮門

錫福宮圓醮，拍攝地點為秀才路與縱貫路交會口的醮門，照片右方外為楊梅國小。（1972年，吳金榮攝）

　　圓醮客家人稱為「還醮尾」。一般廟宇神明安座完工之後，會舉辦盛大的慶成福醮，經過一段時間地方人士為了禳災祈安，也會再舉辦盛大的圓醮活動，圓醮活動過程與慶成福醮類似，豎燈篙、齋戒、放水燈、祭天、普渡、送神⋯⋯。

　　1972年錫福宮的圓醮活動，照片幾乎都是吳金榮拍的，這個年代台灣社會已經較富裕，因此有大型活動時，主辦方都會邀請專家來攝影留念。

　　比起1969年吳金榮在錫福宮拍攝的義民節活動照片，當時拍攝重點集中在奉飯與擺仙。到了1972年錫福宮圓醮，吳金榮的任務應該是全面型的紀錄，拍照範圍就大多了，從區隔祭典區的醮門、到各角頭廟請神，以及五個方位的醮壇、水燈排、放水燈等，無意間替楊梅保留了許多當下的街景。

　　至此之後，楊梅街景再也沒有出現在吳氏兄弟的作品中，我對楊梅街道樣貌變化的記憶，也僅止於車站到家裡，1994年回鄉參與護樹護廟，以失敗收場，2013年回楊梅進行故事館籌備處的資料收集，靠著吳氏兄弟的老照片，我才逐漸地拼湊出楊梅街道變化的過程。

⑲圓醮迎神隊伍

拍攝地點為今大平街、梅山西街、大模路的交會口，後方是李家磚廠煙囪。（1972年，吳金榮攝）

　　1972年10月時序進入秋季，陣陣的秋風，吹黃了稻穗，到了11月忙碌的秋收告一段落之後，楊梅錫福宮舉辦圓醮活動，除了豎燈篙、放水燈邀請各方孤魂來參與盛宴，更到各附近廟宇恭請眾神佛前來參與盛會，祈求為地方消災解厄，帶來平安。畫面最左方竹編物為豬羊架，代表將殺豬來酬神。

　　後方那高聳的煙囪為李金益磚廠位置，大約到1965年之後才逐漸停止燒磚。在磚造煙囪下方醮門，就是日本時代前往新屋方向的輕便車道，李家磚廠的紅磚，曾經利用輕便車運往新屋等地。路線經過右方房屋的後方，目前稱為梅山西街。

　　至於左下方拿著雨傘那位行人後方，凸起於路面的半圓形建物（畫面左方）為防空洞。太平洋戰爭末期挖的，楊梅各街交會的地方則設有防空洞，深約1.5公尺，人躲進去之後，頭部剛好露出，以利射擊。

　　感謝吳金榮任務型的跟拍，這一帶雖離家很近，但是如果沒有這張照片，記憶中的印象卻離我很遠。

⑳火車站前的水燈排

楊梅火車頭坪的水燈排。
（1972年，吳金榮攝）

吳金榮口述：這是大成路兩邊的街道，火車站前面廣場上的水燈排。水燈排遊街到這裡，就在這裡升起來，四支代表四個醮壇，每個醮壇就有一支水燈排，指定的。現在各地做醮時還有做水燈排。

　　為了讓孤魂野鬼能前來參與醮典享用供品，於是豎立「水燈排」，在夜間點上燈光指引好兄弟來參加盛會。水燈排是使用竹子編製，都是挑選在地三年以上成熟的竹子，長逾十幾二十公尺，有頭有尾，再編上掛燈籠的支架，當掛上數以百計的燈籠，閃閃發光，非常壯觀。豎起水燈排的確滿費力氣，照片中每座水燈排都需要另外以六支竹竿幫忙撐著。

　　照片中發現：1972年時楊梅火車站前廣場與日本時代的變化不大，但日本時代的商店街樣貌與1945年時拍攝的「慶祝台灣光復　恭迎祖國政府楊梅街民遊行狀況」（p.159）比較，街景已略有改變，1970年代是楊梅街路兩側建築大改變的開始。

　　左方建築上有一整排的黑松汽水廣告看板，店家是黑松汽水於楊梅、新屋地區的總經銷。最左方的原「日本通運株式會社　楊梅派出所」至今屋體還保留著，右方則是往新屋的楊新路起點。

㉑ 放水燈隊伍與醮壇

吳金榮口述：這是放水燈時遊街的情況，剛好走到新成路的北帝壇前，看起來很
熱鬧。屬於李家的，出發去放水燈，會從火車站中間那條路經過。水燈用竹筒做
的，放河裡讓它漂走（召喚水中陰魂），每一戶每個「調首」都有水燈，調首的
水燈是廟方準備的，每個人都要領調。調首有很多調，如觀音調、福德調等*。

　　在祭典舉行的過程中，最主要的負責人稱為「爐主」，類似公司總經理，因為
醮典事務繁雜，於是需要分工來承辦各項祭典事務，各項事務的負責人就稱為「調
首」。調首類似經理，各調首都有專責，會利用個人的關係，找人出錢出力，參與
者就稱為「領調」。

　　「每個調首都有個水燈」，應該是不只「調首」才有水燈，凡是有「領調」者
廟方都會替他們準備一盞水燈。當時水燈底座是竹子做的，放下水燈之後，大家都
希望自己的水燈能漂得最遠，於是會在水燈座上放些零錢，期待水燈卡住停止流動
時，看到的人會拿起零錢，再推水燈一把——這是我拍攝醮典儀式時才知道的。

＊指的是各地有多種神祇如觀音、福德正神等，各有組織。

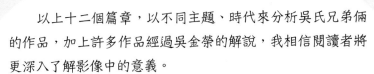

　　以上十二個篇章，以不同主題、時代來分析吳氏兄弟倆的作品，加上許多作品經過吳金榮的解說，我相信閱讀者將更深入了解影像中的意義。

　　吳金榮的解說內容帶著文化與歷史，也不時流露出個人的情感。閱讀者將每一張作品詳細檢視，隨著時間與主題的變化，更可以感受到兄弟倆完全跳脫一般照相館的僵化拍攝，「他們的作品同樣閃耀著浪漫、自信、詩意的人性象徵。這些照片不僅是攝影學，更是社會學、人類學共有的人類遺產。吳金淼與吳金榮兩兄弟一起經營的『金淼照相舘』，前後經歷六十年，是客家影像文化在地生根並發芽的傳承典範。」（張照堂，1998）

　　張照堂是台灣當代紀實攝影大師，對吳氏兄弟作品的評價，自有其觀點，這些觀點是基於吳氏兄弟作品中展現的個性與社會關懷所歸整的。以至於自1960年代台灣開始流行攝影時，眾業餘攝影愛好者不自覺的從平日生活紀錄，發展出唯美的拍攝風格時，吳氏兄弟卻完全無視於這些所謂的「流派」與「風格」，他們除了那些接案收費的紀念照或證照照片外，兄弟倆還是經常恣意的以個人的「感覺」在外頭按下快門、記錄當下的生活樣態。

　　這個篇章我們就以輕鬆的心情跟隨著吳氏兄弟的鏡頭，欣賞他們攝影棚之外的「另類創作」。吳金淼這種形式的照片拍的並不多，但是都拍得非常精采與生動。

⓪① 人像沙龍照

　　「沙龍照」泛指一些攝影愛好者，想盡辦法從打光、裝扮、現場布置、擺拍
姿勢……，無所不用其極的將照片拍得美美的，可以當月曆掛上牆壁那種的美照，
除了人像以外，自然風光、生態等都可包含在內。因此為了美感，曾發生有人將小
鳥綁住，等待母鳥來餵食，搶拍下那動人的一瞬間──這樣介紹「沙龍照」有點粗
糙，但簡單易懂。

　　此張照片或許是吳金淼企圖以日本海女為題材所拍攝的：畫面的左邊放著一副
蛙鏡與木桶，這些都是日本海女的生活工具，半露的酥胸以及裝出來的撩人姿態，
又與海女的形象不符，在保守的年代，是否這種造型讓吳金淼在對焦時失去了準
度？

　　動人的照片絕對不是刻意去「製造」畫面，而是帶著感情的娓娓道來。難怪在
1960年代流行的這類沙龍藝術攝影，吳金淼嘗試幾張就放棄了，所以其遺留的這類
作品極少，真的只有個位數。

　　找個不熟悉的模特兒，拍些表情生硬做作的照片，真的不如幫自家多才多藝的
妹妹多拍幾張，於是吳明珠便成為吳金淼的最佳模特兒。

Ⓜ 妹妹吳明珠

青春洋溢的吳明珠。（年代不
詳，吳金淼攝）

　　吳金淼非常疼愛妹妹吳明珠，在照片資料庫中吳明珠的照片不下數百張。不但
隨著時間更迭，看著吳明珠從少女到中年，在那個以底片拍照的年代，絕無僅有。
他拍出了明珠的溫柔婉約與多才多藝，而傳聞中的吳明珠也的確如此。

　　拍攝自己疼愛的妹妹絕對不會緊張，能擺出理想的pose，雖然明珠的笑容有點
靦腆，但不失清純，白色高底的鞋子也透露出年輕少女追求時髦愛美的本性。

　　吳金淼扛著專業用的大型相機到樹林間為妹妹拍照，經過細心的觀察，特意選
擇了長滿老蔓藤當背景，人與環境產生了鮮明的對比，吳金淼的美感是敏銳而纖細
的。

　　這張照片，至今在金淼照相館原址二樓還可以看到放大的黑白照片，再用手工
上色而成。

⑬帥哥與駿馬

穿著時髦的帥氣青年與駿馬合照。（約1940年，
吳金淼攝）

　　吳金淼有數十張不同的人物與馬合照的照片，選擇照片時我一眼就相中這張，時髦帥氣的年輕人用雙手輕輕的環抱著長長的馬臉，顯露出人與馬之間的相互信任感。最令我感到有趣的是，駿馬的雙眼看著鏡頭，好像在說：「我這樣好看嗎？」

　　男主角文青的裝扮頗有明星架式，好想知道這是哪家的帥哥。在分析吳氏兄弟的照片時多次發生同樣的情形。畢竟在日本時代的楊梅還是一個街庄級的聚落，各個家族的狀況多少可以互通。

　　吳金榮曾說：「那個時候私人可以養馬，自家享受。」可惜訪問時未深入探討，只有留下遺憾。

⑭ 姊與弟

太平洋戰爭時期的楊梅小孩。
（1944年，吳金淼攝）

　　無法清楚吳金淼是在何種狀況拍下這張精采的照片。我以同是攝影愛好者的心情來猜測：某次外拍任務結束時，路過，看見此情景而主動要求姊弟入鏡。沒穿衣褲的小男孩、背後的竹籬與交椅、露頭偷看的小女生，中間小姐姐眼神鎮定、右手牽著手中拿著楊桃的小孩，另一邊的小孩則拿著草紮蚱蜢，沒有特殊的安排，卻拍出最真實的日常。它絕對不符「沙龍照」的條件。

　　記得1989年我開始拍紀錄片時，有一次拍攝阿婆做菜包的場景，當時只想要把畫面拍得乾淨、美麗。於是我喊出：「清場！現場保持安靜！」突然間，四周圍的小朋友跑光了，熱鬧與歡愉的氛圍剎那間消失，留下阿婆緊張得不知所措的眼神。對比這張照片，吳金淼雖然以姊弟三人為主角，但是他也拍到阿婆的笑容與小孩好奇的眼神。

⑤ 兒童演出劇照

這畫面一看就知道是一群流氓在欺負一個賣豆花的老頭，吳金淼還俏皮的加上台詞：這個老頭子呀。（約1940年，吳金淼攝）

　　這是一張擺拍的照片，吳金淼要求每位演員按照他設定的站位與站姿，就定位再按下快門。因此打人的流氓那隻手沒有呈現模糊的動態感，而只是放在被打者的胸部，後面那位舉起右手的幫兇也沒露出凶相，所以整體來說並非是一張成功的劇照。

　　但是從吳金淼安排的演員位置與動作，可以感覺他有當電影導演的功力，可惜那個時代他沒有機會接觸電影的拍攝。

　　我在大學時念的是戲劇與電影，因為系上演出的需要，都於演出前先拍宣傳劇照，這個工作幾乎都落在我身上，許多次我也是以擺拍的方式來進行，待照片沖洗出來，也經常被批評：表情、動作、構圖沒到位，因此我就以自己被旁人批評的角度來找出這張照片的缺失，好玩而已。

　　但是以時代性來分析這張照片，吳金淼能夠走出攝影棚，在校園某個角落，替即將演出的小朋友拍下宣傳照，應該是創舉，也是楊梅第一人。

⑥ 天旱擔水

吳金榮口述：這是光復後一次乾旱，連陂塘打井都弄不到水喝。從楊梅的第一渡橋的橋面過去，就是這條小河；另一邊還有一條，兩條小河洽在一起，中間有泉水。一般楊梅民眾就到這邊來挑泉水。

那時候怎麼會想到來這邊拍照呢？當時就是一個好奇心。這張照片，沒有人會買，也沒有人委託他拍。那麼嚴重的天旱，要食水，再遠都要挑回去。拍這不是顧賺錢，而是吳金淼覺得很有意思才會想要拍。

　　前楊梅鎮長傳標榮說：「天旱那段時間非常苦，完全沒水，田間河壩（河）都沒水。人們要到河壩找到一個比較深的地方去挖井，挖到甚至比房子還要深，有時還是沒有水。只要挖到一點水，一天流出來的水量只有一擔，自己用都不夠，無法分給別人。住在街路上的人要用水，消防車不知到哪裡載的水，讓大家提著桶子排隊分水。河壩裡面我也曾開過井，但是沒水，後來找到另外一條河壩，那裡比較有水，大家就講好，用分的不要用搶的，豬、牛、人都要食水，真是叫苦連天。」

　　這張「天旱擔水」圖，沒有刻意表現旱災帶給人們挑水時的辛苦，而是很隨意的拍攝，反而讓人感覺「解決生活上的需要是人們的日常」，可以證明吳金淼對社會議題是保持關心的。

07 抽菸的少年

抽人生中第一口菸的高校學生。（約1940
年，吳金淼攝）

穿著高校學生服、腳穿夾腳高韞木屐，這兩位年輕學子，期待趕快變大人，於
是有了這張照片。究竟是兩位年輕人要求記錄這人生的第一次，還是吳金淼閒暇時
拍著好玩的，不得而知，但是擺拍的斧痕確著。兩個緊靠著的年輕人，上方的視線
望向遠方，顯露企圖與信心；下方的有點畏縮，造成對比──這是吳金淼拍攝人像
時超強的技巧。

還記得我初中時第一次偷抽菸，非常的興奮，吸下第一口時也裝得很享受，
只是被嗆後的感覺難受，我從此就對抽菸沒興趣了。照片中這種裝出來很享受的樣
子，應該是每個少年抽人生中第一口菸都要裝的神情。

⑧ 攝影師玩自拍

吳金淼與朋友（陳振芳？）
一起玩相機。（約1940年，
攝影者不詳）

　　仔細分析這張照片傳達著許多訊息。

　　三位都是專業攝影師，我個人懷疑中間戴眼鏡者為吳金淼亦師亦友的陳振芳，
另一位頭朝下者則無法推測。當時的專業相機相當複雜，鏡頭內出現的器材就數不
清，鏡頭外還有如腳架等其他器材。這張照片也是安排後拍的：將相機的腳架放
低，離地約1尺（30公分），拍攝者頑皮的露出頭來。

　　年輕人系列的照片，捕捉了年輕人開朗、愛玩、對未來充滿期待與信心的表
情。一位藝術家的作品可以反映出他的個性——在吳金淼以興趣而拍攝的系列作品
中，正反映了他極高的藝術天分以及瀟灑不羈的個性。

⑨ 生態攝影之白鷺鷥

位於楊梅上田里水尾的白鷺
鷥。（約1950年，吳金淼攝）

　　吳金淼的作品中有關鳥類的攝影，其實並不多，在這極少的「鳥」照片中，吳
金淼也呈現他高超的拍攝技巧，我個人除了折服於他獵取動態鏡頭的能力，更感謝
他無意間替許多楊梅人留下了共同記憶。鷺鷥林位於
楊梅上田里水尾的月眉山坡，面對上田里廣闊的稻田
與清澈的社子溪，擁有豐富的生態，最盛時期據估
計至少有30,000隻白鷺鷥、夜鷺棲息在那裡。這是我
四十幾年前的記憶，但據說鳥類幾乎在一夜之間消失
得無影無蹤，原因說法很多，有傳說是附近民眾受不
了白鷺鷥帶來的臭味而放鞭炮趕鳥，於是白鷺鷥被迫
搬離。從此楊梅人就失去了賞鳥的地方，唯一留下的
就是幾張照片，以及跨越社子溪上的「愛鶴橋」。

　　我不時心想：要是這群白鷺鷥還生活在這裡，楊
梅一定成為北部有名的生態攝影場。

⑩ 35釐米相機的紀實

學生舉著國旗、救國團旗、口號布條，正走過省縱貫公路。左下方一個旁觀的小孩，望著隊伍。小孩、憲兵、遊行隊伍，創造了一個動與靜的有趣畫面。（約1960年，吳金淼攝）

　　1914年德國萊卡公司發明了35釐米相機，35釐米相機的發明替攝影的世界開展了一個開闊的新天地，這卷軸式35釐米寬的底片一卷三十六張，輕巧又方便。雖然放大之後影像解析度比不上大型相機拍攝的效果，但是輕巧是它最大的優勢。早期台灣許多攝影的愛好者，就從35釐米相機走入攝影的世界，更走出不同的攝影風格，其中以鄧南光最具代表性。1929年鄧南光在日本買了一部萊卡照相機，於是他發揮了相機靈巧的特性，恣意的拍攝吸引他目光的一切。

　　同年吳金淼剛從楊梅公學校畢業，寫真舘在台灣萌芽不過十年左右，它是一個新興的謀生行業，最初的寫真舘還是配合畫人像而生存的。

　　用大型相機謀生的吳金淼與使用輕巧的35釐米相機為興趣而拍攝的鄧南光，兩人的拍攝器材、目的都不相同，他們早期的作品我無法放在一起討論。

　　到了1960年左右，35釐米相機開始在台灣流行，攝影的觀念也受到留日先進鄧南光的影響產生了極大的變化。在《看見北埔 鄧南光》書中，作者古少騏提到：「鄧南光在台灣省攝影學會首展指出：藝術要能啟示時代，新的藝術風格應該是『動的』、『寫實的』和『實用的』，要與過去靜的、人為的、裝飾的有所區隔，他所提倡的現代攝影，是針對傳統的畫意沙龍或保守制式的紀錄攝影而提出，希望大家在內容與形式上朝向生動和創新的方向。」（古少騏，p.19）

　　我無法知悉鄧、吳兩人是否曾經見過面，討論過攝影藝術？但是很明顯的，此時吳氏兄弟的作品在風格上有很大的改變。雖然吳氏兄弟的作品在畫面上沒有達到布列松的「詩意、超然以及著重人文關懷」，但是吳氏兄弟的作品，我以一個楊梅在地人的感覺，去談論這些影像中的哲學與藝術，不如透過照片，將影像當作時光隧道，回到過去，回憶自己在那個時代的故鄉生活狀況——如果影像是你未曾經過的時代，影像背後故事解析的過程更是寶貴的學習經驗。

　　我大約在1970年左右學攝影，當時高中有個攝影社，跑去聽了幾次課，就把父親遺留下來的那部柯尼卡（konica）疊影對焦（雙眼）相機帶到學校宿舍，開啟了攝影生命。當時完全無法體會也沒能力去思考：「喀嚓一聲」記錄下來的「影像」，它除了能夠記錄當下的「剎那」，還有什麼我必須注意的？

　　上了大學念的是「影劇」，本來以為可以藉此開創自己攝影的新生命，但是奇貴無比的材料，限制了我多按快門的慾望。加上當時攝影界流行的是拍攝模特兒、美景的「沙龍」照，我跑去參加了一次活動，極不喜歡，於是便專心和好友研究攝影技巧與暗房技術。畢竟還處於年少輕狂的年紀，沖放照片能滿足自己在朋友前炫耀後得到讚許的快感，至於「人文關懷」等所有哲理的思考，當時我尚未達到此境界。

　　1960年代，在故鄉楊梅的吳氏兄弟早就因擁有器材、技術、人脈，而恣意的到處拍攝。這裡選出二張吳氏兄弟當時以35釐米相機拍攝的作品，來與大家共享，它符合鄧南光提出的：動的、寫實的和實用的「新」方向。

隨著藝師專注的眼神，目光來到正在製作的關公雕像，讓人感到現場氛圍特別的莊嚴。（約1960年，吳金榮攝）

吳氏兄弟攝影作品被看見

——「伯公山護廟保山救樹」事件始末

　　錫福宮護樹護廟的行動，雖然是一件偶發事件，但是對於楊梅文化的影響不小，更因為此事件，吳金淼與吳金榮兄弟拍攝的珍貴照片才得以被世人重視。我也因此能有出書的機會，以個人觀察角度寫下此事件過程始末以及後續造成的影響。

　　右頁這張錫福宮照片，為1994年事件發生時所拍攝的，目的是要讓大家對錫福宮老廟及背後伯公山老樹有一完整認識，照片中的錫福宮是自1972年圓醮後的樣貌，比起1969年時的廟宇屋頂（詳見p.220），此時增加了不少交趾陶藝品，因為作工精細、人物栩栩如生，而有「屋頂上戲台」的美譽。

吳金榮拍團體照英姿。（1995年，吳榮訓提供）

護樹護廟的抗爭

老廟與老街是依附在一起，1994年6月初我回鄉進行田調的第一天，就先來到被告知即將拆除的錫福宮老廟。當我們向老廟公詢問拆廟的時間與範圍，老廟公得意的說：「最近就會舉辦神明出火儀式，以後廟會蓋得又高又大，神明就不會被前面的房子擋住了。」

廟公也帶我們到廟後方，講解廟身擴建的範圍，得知擴建新廟將會砍掉六棵珍貴大樹時，我感覺相當不捨。連不是在楊梅出生的陳板，看見樹林下眾多老人快樂的下棋與唱山歌，都覺得砍掉大樹擴建新廟是一件莫名其妙的事情。與廟公聊天過程我們也發現：楊梅錫福宮原來前方只有一座戲台，沒有其他建物，但是後來戲台後方的土地，被地主賣給人家建樓房，加上一次颱風，廟右側（虎邊）的屋頂稍有損壞而漏水，因此當時就以廟身過低以及老舊漏水為由，硬是要將只有四十幾年廟齡的錫福宮拆除重建，以及為了擴大廟地而計畫砍伐廟後方伯公山上的六棵大樹。

基於守護在地文化的共識，我們介入了這個事件。先前在各個客家聚落進行田野調查與拍攝，我們攝影組是站在「他者」，也就是「旁觀者」的角度來拍攝。這次的抗爭，我們變成事件的參與者，自己也成為被拍攝的對象之一，是全新的經驗。

錫福宮老廟與背後伯公山全景。（1994年，彭啟原攝）

1994年6月9日，我帶著攝影組來到錫福宮伯公山，展開第一天的工作。看到有電視攝影機拍攝，有的老人立即激昂的大聲表示：「我們都不知道要砍樹，砍廟樹是全庄人的事情啊！這是省方（台灣省）有登記過的老樹你知道嗎？」看到老人的激動無助，了解老人們的焦慮，陳板認為事不宜遲，於是和我、梁國龍、曾年有等，於兩天之後展開了「反對砍樹志願者簽名」。一兩百人的簽名，代表著一兩百位老人的期待，我們的肩膀更沉重了，老人們的支持源源不絕，除了前來關心，也提供了飲料。

裝置藝術與抗爭的第一次說明會

6月16日熟悉舞台裝置藝術的陳板，將一塊塊紅布纏繞在老樹身上，尤其是那棵兩百五十歲長滿樹瘤的牛樟樹。從樹根到樹幹包覆著紅布，大樟樹變身了。當其他可能被砍的大樹都裹上紅布之後，我看傻了眼：一棵棵蒼勁的大樹，披著鮮紅的外衣，穿透樹梢間隙的陽光，配合著鮮綠的樹葉搖曳，光與影相互追逐著，真是好看。

陳板用毛筆在紅布上寫下斗大的「神樹」二字，蒼勁的書法，使得老樹顯得更莊嚴與神聖。一直在旁默默協助的吳金榮，面對寫著「神樹」的老樹，靜默了一陣子，是否也回憶著他兒時在樹下玩耍的快樂時光？還是企望「神樹」發出神威，免除被砍伐的命運？

隔天一早，我們像平常上班似的，9點準時來到伯公山。樹下的場景讓我震懾：一大群人拿著香，圍著掛上寫「神樹」紅布的老樹，輪流祭拜著。原來是老人們受到護樹氣氛的感染，一早搬來供桌，備妥鮮花素果，虔誠的捻香拜樹。我也觀察到祭拜者雖以老人居多，但年輕的身影也不少。一早擺上的簽名布條，此時已經簽滿兩百多位志願保護伯公山樹木者的名字。

在大樹底下，各地陸續趕來聲援的文化工作者激昂地發表護樹保廟演說，漸漸地，老人們似乎受到感染，竟然也一個個上前發表護樹的心聲，老人應和著護樹的理念，敘述各人的兒時記憶，更有許多老人接受媒體的訪問。

隔天各大報的桃、竹、苗地方版都以頭條刊登伯公山護樹的消息，此時輿論已經完全倒向護樹這方了，想必計畫砍樹的廟方第一次感受到強大壓力。

護廟保山救樹大遊行

　　1994年6月26日，楊梅有史以來第一次上街頭的抗爭遊行，隊伍在楊梅火車站前的廣場集結「安著」（整理好隊伍準備繼續前行），預定9點出發。路線經過楊梅最熱鬧的新街，繞經武營街前往錫福宮，「護廟 保山 救樹」成為遊行的主訴求。

　　一開始，前來參加的人並不多。儘管聲嘶力竭地呼籲大家參與護廟護樹，但是畢竟火車站距離錫福宮有1公里遠，此地居民對拆廟砍樹較無感。或許如前所述，「戒嚴」的桎梏才拿下七年，長久以來大家都養成了「不要管閒事」的心態，死氣沉沉的社會氛圍尚未完全散去，圍觀居民的「冷眼」成為共同的反應。眼見人數遲遲無法增加，在地的劉姓「總領隊」，在9點30分無奈地宣布「出發」。

　　二三十人的隊伍，頭上綁著「保山 護廟」的紅布條走在街上略顯單

在楊梅火車站前「安著」之後，沿途參與遊行的人越來越多。（1994年，彭啟原提供）

薄。雖然如此，幾位稚嫩的小朋友，小小的臉龐露出無畏的眼神，不是幫忙扶著橫幅，就是舉著小拳頭跟著喊「保山 護廟」。或許是此情此景，感動了部分路人，於是上前參與的人慢慢變多了。當遊行隊伍轉進了武營街，隊伍人數竟增加到兩三百人。武營街本來就不寬，在喧天的鑼鼓聲中，頭綁紅布條喊著口號的人們，鏡頭下顯得密密麻麻。是的，這群人正在創造楊梅的抗爭歷史。

　　武營街原來就因為清朝時曾經有駐軍而得名，如今武營街上的護樹護廟大軍，喊著口號前往錫福宮，宣示保山護廟的決心。

　　在一陣鞭炮聲之後，隊伍來到錫福宮前的廟埕，以莊嚴美麗的老廟建築為背景，眾人輪流上前訴說個人對老廟的情感，更有老人指著某人說：「你阿公的名字就刻在那根柱子上！」名字出現在廟柱上，代表建廟之時曾經有所奉獻，更證明他曾是楊梅重要仕紳。立即就有幾位參與遊行的年輕人，上前尋找自己長輩的名字，並與其合照。許多小朋友爬上廟門口那兩尊石獅子，小手伸入石獅子口中，滾動那顆我小時候也喜歡滾動的圓石。

　　一座地方老廟不僅是信仰中心，

也承載了在地歷史與居民的記憶。我從1989年開始拍攝公共電視節目，這五年間，在台灣田調、記錄了不少地方文化，卻竟然是在這種情況之下回鄉拍攝，很後悔自己為何沒有早一點進行對故鄉的關注，心中也默默祈求：廟能夠不被拆，廟後方大樹能夠完整被保留。

在廟前方老人家聲嘶力竭呼籲大樹絕對不能砍的同時，太陽也毫不留情地灑下它帶著高溫的光線，為了躲開燠熱，眾人逐漸走往廟後的伯公山，如傘蓋般的大樹，幾乎擋下所有的陽光，創造了一個清涼舒適的空間，讓眾人繼續抒發心中對砍樹拆廟的不捨。

吳金榮拿來幾張1948年之後錫福宮重建上樑的老照片；梁國龍也拿出他曾經在比利時展覽過「世紀容顏」作品，拍的都是百歲人瑞。

影像最能吸引人們的目光，尤其是蘊含生命故事與地方歷史的老照片。數十張黑白照片，靠著小駁坎簡單的擺放著，大家彎著腰欣賞，甚至有老人家拿起照片，貼近著臉端詳。剎那間，伯公山變成了藝術殿堂，楊梅兩位不同世代的攝影師在此處交會。

森林音樂會

1994年7月2日（農曆5月24日），廟方決定拆廟的前一天，自救會在伯公山上進行了一場溫馨的森林音樂會。規劃音樂會的時間相當短促，剛開始時邀請楊梅街區的幾所學校來表演，但是沒有一個學校「敢」答應，後來經朋友介紹楊梅瑞埔國小的張阿杉老師，他在第一時間就回應帶他指導的合唱團來表演。我們在奉為「神樹」的那棵大榕樹下做了一個簡單的舞台，以最低價從台北音響公司租來音響與燈光。雖因陋就簡，但絲毫沒有影響大眾觀賞的情緒。仲夏的夜晚，大樹底下傳來陣陣優美的歌聲，將這幾天抗爭的躁氣消除，撫慰了人們的心。暗黑中，我看見一位婦人用心地聽著音樂，配合節拍點著頭，細看之下才發現她是我念楊梅初

伯公山音樂會現場，鍾肇政（左三）也前來參加。（1994年，彭啟原提供）

後記

248　吳氏兄弟攝影作品被看見

中的音樂老師——黃秀英。老師的光臨給我莫大的鼓勵，她也對我們這次的行動讚賞有加。

　　森林音樂會結束後，在地幾位年輕人陪著我們守夜，因為隔天（7月3日）一早，凌晨3到5時，是廟方先前決定拆廟的時辰。廟宇的拆除，按照習俗要先請地理師擇日，時辰一到，地理師進行簡單儀式，並在廟身五個方位象徵性的用鐵器各敲下一小塊結構體，之後任何時間就可以進行大規模徹底的拆除。我們守夜，就是要阻擋這個象徵性的拆除儀式。清晨3點，在伯公山上守夜的人們，魚貫地往錫福宮廟前集合。我們一直等到6點多，廟方都沒有任何動靜，接著也收到暫時不會拆廟的善意回應，表示我們的護廟行動已經獲得初步的成效。於是大家拉開事先準備好的橫幅，在廟前合影，宣告完成了階段性任務。

　　經過十八天的抗爭，我們了解事情不會如此簡單就結束，這將會是一場長期的抗爭行動。大夥回到伯公山上，宣告「伯公山自救會」將轉型為「楊梅文化促進會」，期望將抗爭的動能轉化為對楊梅歷史與文化的重視。為了紀念此事，我在事後寫下一段文字：「台北與楊梅之間，只需四十分鐘的車程，但是對我來說，卻

走了近三十年的時間，才真正回到故鄉的懷抱，真正開始關心起這塊曾經滋養我成長的土地。離鄉近三十年，再回來擁抱這塊土地，滋味竟然是如此的甘美！所謂的抗爭行動，沒有激烈的言詞或是肢體衝突，不但達到訴求的目的，而且轉化成永續的文化活動，讓所有楊梅人共同參與，進而達成文化傳承的功能。對於自己有幸參與我感到驕傲，也希望這個成功的經驗能成為典範，讓大家在自覺意識中，以和平理性的方式，為自己故鄉的文化生命延續做努力。」但是事實上「歸鄉」有這麼容易嗎？

自立自助的文藝季

　　1995年6月16日「第一屆楊梅百年文藝季回首楊梅壢相片寫真展」開幕，伯公山與錫福宮被打造成一個非常特殊的藝文園區。在統一便利超商、台灣東電化公司以及在地居民的贊助下，吳金榮和他哥哥吳金淼的許多老照片被展覽出來。

　　這些老照片的展出，對楊梅產生非常大的影響。在2018年國立台灣博物館所出版的《台灣攝影家 吳金淼》一書中提到：「1994年楊梅錫福宮欲拆除重建，廟後伯公山上的百年老樹也將砍除，在一連串『護廟保山

救樹』搶救行動中，一張張楊梅人在伯公山老樹前的照片，『意外』讓吳金淼的攝影作品為世人所知，不僅做為楊梅地區影像紀錄有著無可取代的地位，也為1930至1950年代的台灣留下一段獨特的時代紀實。……」（陳淑華，p.8）因為以上敘述並沒有說明在「搶救行動中」，老照片如何「意外」的為世人所知，因此我有必要將細節加以說明。

在護樹護廟剛開始，極力反對拆廟、砍樹的吳金榮孤立無援，看到四個護樹年輕人的出現，吳金榮自然非常高興。這也是我第一次認識這位七十一歲（1924年次）的老人家，一個人照顧著「金淼照相舘」。

照相舘距離伯公山不到百公尺。

在抗爭的十八天中，吳金榮只要有空，就往伯公山跑，計算有幾位參與抗爭的年輕人。每天到了11點半，老人家就提著便當出現，他擔心我們沒吃飽，都會多買一兩個便當。隨著抗爭的擴大與被重視，吳金榮的笑容越顯燦爛，他就像一位親切的長者，默默在旁關心我們的需求，也經常坐下來和我們聊天。過程中，喜歡攝影的梁國龍有機會進入金淼照相館翻看吳金榮保留的老照片，每次到訪梁國龍都驚豔不已，「吳金淼的作品很有地方性、歷史感，非常的紀實」——本身就是紀實攝影家的梁國龍發出這樣的驚嘆。於是梁國龍挑出其中一百一十三張照片集結成《回首楊梅壢——吳金淼·吳金榮攝影集》。

陳其南（中央打領帶者）與地方人士為楊梅文藝季剪綵。（1995年，吳金榮攝）

「第一屆楊梅文藝季回首楊梅壢相片寫真展」就以這些照片為展出內容。

活動開幕當天（1995年6月3日），錫福宮內、伯公山上人頭鑽動，尤其是錫福宮，在神像出火遷出之後，廟門就被深鎖，如今轉化為老相片的展場。老相片的內容不僅勾起老人的回憶，也引起年輕人的好奇，而其中又有許多是以伯公山老樹與錫宮老廟為背景，更讓人們認同護樹保廟的意義。

主辦方認為伯公山大樹得以保存是全楊梅社區人共同努力的結果，在相片寫真展開幕時，打破由地方重要人士剪綵的傳統，改由社區居民參與、共同分享喜悅。剪綵時大家拉著一條圍繞伯公山的紅布條，拿著從家裡帶來的剪刀，站在紅布條前，準備當一次剪綵貴賓，傳統上這是特殊人物才享有的特權。

吳金榮則搬來相舘裡那台陪伴他數十年的老式相機，那種要以黑布矇著頭來拍攝的大相機，老人家時而將頭鑽在黑布裡取景、調整焦距，時而探出頭，指揮調度每個人所站的位置，像極了一位大導演。「喀擦！」這張替伯公山護樹活動畫下句點的照片，成為楊梅人重要的共同記憶。

震撼與省思

伯公山的抗爭結束後，我們雖然思考將「嚴肅的抗爭改為柔性的文化訴求」，而與在地青年共同成立了「楊梅文化促進會」。但陳板與曾年有認為自己只是過客，不能介入太深，因此以後守護楊梅文化的工作交給促進會就可以。這又給我上了一堂寶貴且心痛的課。

事件發生經過了六年（2000），突然接到弟弟來電：「廟方在今天清晨4點左右，怪手以最快速度把廟拆掉了！」之前護廟成功的驕傲，剎那間卻成為日後我走近伯公山與錫福宮的障礙，我實在沒臉面對那被拆除的廟身以及當初熱情投入的鄉親。

為什麼結果會這樣呢？本來以為在抗爭之後成立的「楊梅文化促進會」能夠達到「促進楊梅文化」的理想，但是我錯了！「為自己故鄉的文化生命延續做努力」並不是表面成立文化促進會就能成事，它需要更多人無私的投入、更長期的持續奮鬥，進而影響其他的人。

以1993年「反對美濃水庫」的抗爭事件為例：從最初因為李允斐、鍾永豐、鍾秀梅三人發現水庫對地方文化與生態會造成無可彌補的傷害開始，成立了「第七工作小組」來進行

反水庫運動，一路走來，吸引不少年輕朋友的加入，慢慢從單一抗爭事件改為社區營造，來凝聚地方的共識，至今「美濃愛鄉協進會」成為全國知名的社團組織。但是1994年楊梅護樹護廟運動後，雖然也成立了「楊梅文化促進會」，卻沒有積極的吸引年輕人加入，而使得促進會後繼無力。

記得當了文化促進會會長的吳金榮，向我們抱怨了好幾次：「我本來天天在家替人照相、洗相片賺錢過日子，不管世間發生了什麼事情，我像井底裡的青蛙，日子過得平平靜靜。但是這次因為與大家共同關心廟的事情，也介入了事件，被大家公推為文化促進會會長，就好像這隻井底青蛙被迫離開平靜而單純的環境，獨自去面對這複雜的世界，我實在感覺到非常害怕！尤其我對文化又沒有概念，而且經常又有媒體與其他地方朋友向我問東問西，我實在不知要怎麼應付。」

如今吳金榮在憂慮擔心中與世長辭，老廟也在大家的忽略中被拆掉；我也無可逃避要面對這個結果。回想整件事情的經過，檢討自己，我發覺要「真正再關心起這塊曾經滋養我成長的土地」是這樣的困難，是要有多大的犧牲啊！

我了解，自己移居台北多年，回鄉只是做客，楊梅已經成為我心靈的故鄉，隨著幼時美好記憶中的場景逐漸消失，心靈的故鄉也好像越離越遠；唯一牽繫的只有在故鄉的家人。我像是被移植的樹，雖然根部還帶有些許故鄉的泥土，但是滋養的已非故鄉的泥土，要回到故鄉真的「好遙遠」。然而2013年，我受邀再度回到故鄉，一方面為「楊梅故事館籌備處」收集資料，同時也拍攝《回首楊梅壢》紀錄片，過程中有機會重新深入吳金淼的影像天地、整理昔日吳金榮的口述歷史，在寫作期間，我逐漸感受到文字與影像駕御方式的不同，在進入隨心所欲之年，本書的出版讓我在餘生跨越了一個新的領域，也是我擁抱故鄉的另一種方式。

「伯公山護廟保山救樹」運動啟動五人組，另一人為拍攝者吳金榮。由左至右為梁國龍（攝影師，行動發起人）、彭啟原（紀錄片導演）以及陳板、曾年有（後二位為竹塹聯盟支援成員）。（1994年，吳金榮攝）

參考資料 以下依照筆畫順序排列。

書籍、期刊雜誌

◆ 梁國龍、曾年有主編，《回首楊梅壢——吳金淼．吳金榮攝影集》。楊梅文化促進會，1995年。

◆ 王葭，〈回首楊梅壢〉，《光華雜誌》。台北：台灣光華雜誌社，1995年6月。

◆ 古少騏，《客庄生活影像故事系列 看見北埔 鄧南光》。台北：遠流出版公司，2012年。

◆ 吳榮訓，〈金淼寫真舘的故事〉，《桃園客家季刊》，第十一期。桃園市：桃園市文化局，2018年3月。

◆ 吳濁流a，《台灣連翹 台灣的歷史見證》。台北：前衛出版社，新台灣文庫，1989年。

◆ 吳濁流b，《無花果 台灣七十年的回想》。台北：前衛出版社，新台灣文庫系列叢書，1989年。

◆ 陳淑華，《台灣攝影家 吳金淼》。台北：國立台灣博物館，2018年。

◆ 陳德馨，《拍攝「體面」的客家人：以桃園楊梅「金淼照相館」為主的討論》。台北：客家委員會補助大學校院發展客家學術機構計畫 成果報告書，執行：國立空中大學，2015年11月18日。

◆ 張照堂，《看見原鄉人——台灣客家光影紀事》。台北：台北市政府民政局，1998年。

◆ 張蘭嬌，《話我家鄉楊梅鎮 楊梅壢篇》。桃園：桃園縣人與地鄉土研究學會，2003年12月。

◆ 彭啟原a，〈銅鑼圈的茶業〉，《客家風土志》。台北：公共電視台，1996年。

◆ 彭啟原b，《永遠的第七堂課》。楊梅故事館籌備處，2013年。

◆ 黃坤瀛a，〈第十一篇 人物誌〉，《楊梅鎮志》。桃園：楊梅鎮公所，1990年。

◆ 黃坤瀛b，〈行政區域〉，《楊梅鎮志》。桃園：楊梅鎮公所，1990年。

◆ 黃鼎松，〈礦場篇〉，《頭屋鄉誌》。苗栗：頭屋鄉公所，1996年。

◆ 鄭煥生a，《春滿八仙街》。桃園：財團法人世聯倉儲文教基金會，2015年。

◆ 鄭煥生b，《土牛溝傳奇》。桃園：財團法人世聯倉儲文教基金會，鄭煥生全集一，2015年。

◆ 謝兆樞，《米人米事物語》。台北：國立台灣大學磯永吉學會出版，2020年。

◆ 藤森智子，〈1930年代國語講習所教科書《新國語教本》之分析〉，《台灣學研究》。台北：國立中央圖書館第十一期，2021年。

網站

◆ 〈從日本時代「青年團」看分化矛盾的歷史〉，《聚珍台灣》。網址：https://www.gjtaiwan.com/new/?p=28457（2020年10月檢索）

◆ 吳亮衡，〈隱身於喧囂中的臺灣記憶——烽火下的軍夫軍屬〉。《蕃薯藤網》：2021蕃薯藤滔新聞（yam.com）。（2021年檢索）

◆ 彭瑞金，〈鍾肇政《魯冰花》作品導讀〉。文化部 台灣文化入口網站。

◆ 〈日本通運〉，維基百科（wikipedia.org）。

◆ 〈海兵團〉，維基百科（wikipedia.org）。

◆ 〈農民講道館農業短期大學〉，維基百科（wikipedia.org）。

攝影家年表

吳金淼（右）與吳金榮（左），約1940年合影。

1915 　4月15日吳金淼出生於楊梅庄。
1923 　吳金淼進入楊梅公學校。
1924 　12月12日吳金榮出生。
1926 　參加楊梅庄役場舉辦之「慶祝日皇昭和登基書展比賽」榮獲第一名，但因年紀太小，頒獎時被改為第二名。
1929 　吳金淼自楊梅公學校畢業。
1930 　吳金淼替人畫像，從陳振芳處接觸攝影。
1932 　吳金淼取得企業許可令，開始寫真事業。
1935 　吳金淼取得寫真營業許可，「金淼寫真舘」正式開業。
1938 　吳金榮自楊梅公學校畢業，開始學習攝影。
1939 　吳金榮取得寫真營業許可，與金淼共同經營寫真舘。
1951 　更名「金淼照相舘」。
1967-1972 吳金淼率團隊連續六年參加楊梅花燈比賽，榮獲四次冠軍、二次亞軍。
1984 　吳金淼過世，金淼照相舘由吳金榮接手。
1994 　吳金榮參與錫福宮「伯公山護廟保山救樹」事件。
　　　　1995「回首楊梅壢照片寫真展」於錫福宮展出，《回首楊梅壢——吳金淼‧吳金榮攝影集》出版，吳金榮擔任楊梅文化促進會會長。
1997 　吳金榮過世，喪禮上楊梅人稱他為「楊梅文化守護神」，照相舘熄燈。
2023 　《從前從前，有家金淼寫真舘：吳金淼、吳金榮兄弟鏡頭下的楊梅故事》由遠流出版。

謝誌

◆ 感謝1994年所有參加楊梅錫福宮「伯公山護廟保山救樹」運動的朋友，您們是本書最初的催生者。

◆ 1995年陳板建議請癌末的吳金榮先生為《回首楊梅壢——吳金淼‧吳金榮攝影集》照片逐張解說，當時雖對吳金榮感到不捨，但也因為有這些解說，我才有勇氣下筆完成此書。

◆ 吳榮訓先生將吳金淼兄弟的攝影作品使用權無條件提供出來，讓我這本心中罣礙已久的書得以完成。

◆ 摯友李達嘉在中研院百忙的業務中，還特別抽空幫我逐字修改，連標點符號錯字都不放過；又花時間和我討論結構，鼓勵著一個能力不強但是滿懷熱心的學生不要氣餒，於是我才有勇氣在結構上盡全力修改。本書能夠順利付梓，達嘉是我最大的支柱。

◆ 2003年我擔任客家委員會「臺灣客家音像人才培訓計畫」的執行者，而有機會認識周樑楷教授，爾後周老師許多有關「影視史學」理論一次次地影響著我，不知不覺間，我看影像已不是影像本身，而是習慣在每個影像中「穿透時空，尋找那不為人所知的真實」。感謝周老師在看完初稿後給我最大的鼓勵，更提供修改意見以及賜予推薦序為本書價值背書，在此致上最高的謝意。

◆ 周樑楷老師的背書，使我提起勇氣將本書直接送到遠流出版公司，期待透過一個好的編輯行銷團隊讓更多人看到吳金淼、吳金榮兄弟的作品。謝謝遠流靜宜總編輯的雅量，接納本書粗稿；尊禎主編的耐心，字字斟酌、修正，讓錯誤率降到最低，我更在過程中學習不少。

◆ 賢妻欣棠婚後就一直支持我的文化工作，毫無怨言也給予莫大的鼓勵，我會在寫作這塊園地繼續耕耘，就如小兒致穎說的：「老爸！你至少要寫滿五本，讀者才會開始注意你。」

◆ 感謝客家公共傳播基金會贊助「出版」與國藝會「調查與研究」補助。

楊梅火車站前的圓醮迎神，照片可見車站右邊的日本時代建築以及圓環噴水池。（1972年，吳金榮攝）

新台灣史記14

從前從前，有家金淼寫真館

吳金淼
吳金榮
兄弟鏡頭下的
楊梅故事

楊梅大華街65號

攝影│吳金淼、吳金榮　　撰文│彭啓原

編輯製作│台灣館
總 編 輯│黃靜宜
執行主編│張尊禎
美術設計│張小珊
行銷企劃│沈嘉悅

發 行 人│王榮文
發行單位│遠流出版事業股份有限公司
地　　址│104005台北市中山北路一段11號13樓
電　　話│（02）25710297　傳真│（02）25710197　劃撥帳號│0189456-1
著作權顧問│蕭雄淋律師
輸出印刷│中原造像股份有限公司
2023年9月1日初版一刷

定價450元（缺頁或破損的書，請寄回更換）
有著作權‧侵害必究 Printed in Taiwan
ISBN 978-626-361-183-2

YL─遠流博識網 http://www.ylib.com　Email:ylib@ylib.com
遠流粉絲團 http://www.facebook.com/ylibfans

本書吳金淼、吳金榮攝影作品由吳榮訓授權提供

本│書│榮│獲

財團法人
客家公共傳播基金會 出版補助

國│藝│會 「文化資產類」調查與研究補助
NCAF

國家圖書館出版品預行編目(CIP)資料

從前從前,有家金淼寫真館：吳金淼、吳金榮
兄弟鏡頭下的楊梅故事/吳金淼, 吳金榮攝影；
彭啓原撰文. -- 臺北市：遠流出版事業股份有
限公司, 2023.09
　面；　公分. --(新台灣史記；14)
ISBN 978-626-361-183-2(平裝)
1.CST: 人文地理 2.CST: 歷史 3.CST: 照片集
4.CST: 桃園市楊梅區

733.9/109.9/117.4　　　　112010518